LA QUINTESSENCE

DU

SPIRITISME

PAR

ROUXEL

Prix : UN FRANC

PARIS

LIBRAIRIE DES SCIENCES PSYCHIQUES

Paul LEYMARIE, Éditeur

42, RUE SAINT-JACQUES, 42

1907

DU MÊME AUTEUR

SAINT-AMAND, CHER. — IMPRIMERIE BUSSIÈRE

LA QUINTESSENCE

DU

SPIRITISME

PAR

ROUXEL

Prix : **UN FRANC**

PARIS

LIBRAIRIE DES SCIENCES PSYCHIQUES

Paul **LEYMARIE**, Éditeur

42, RUE SAINT-JACQUES, 42

1907

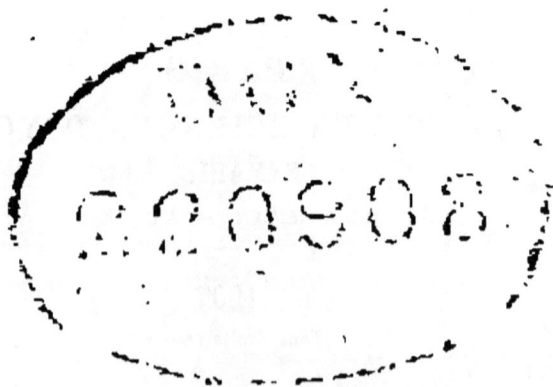

PRÉFACE

Qu'est-ce que le spiritisme ? C'est un ensemble de faits et une théorie explicative de ces faits. En un mot, c'est une science.

Aujourd'hui, la réalité des faits spirites, du moins de la plupart, est enfin généralement admise ; on pourrait compter les négateurs. Mais la théorie spirite est loin d'être aussi universellement acceptée.

Il ne suit pas de là qu'elle soit fausse ou vraie, mais seulement qu'il y a des aveugles volontaires ou involontaires, c'est-à-dire des gens ignorants et d'autres de parti pris ; ou bien que la théorie spirite n'est pas assez clairement démontrée pour être admissible, que trop de fumée obscurcit encore la lumière qui doit jaillir des faits.

Il importe donc de dégager le métal de sa gangue, de séparer le principal de l'accessoire, d'extraire la quintessence du spiritisme, c'est-à-dire de choisir parmi les faits ceux qui sont en même temps les plus simples et les plus convaincants, et de les ramener à la théorie la plus rationnelle, à celle qui suffit à tous les faits et les explique tous.

C'est ce que j'ai essayé de faire dans cet opuscule.

Tous les faits rapportés ici (1) ont été obtenus, la plupart très souvent, en divers temps, par divers médiums, en présence de nombreuses personnes, les unes mortes aujourd'hui, les autres encore vivantes. Chacun peut facilement obtenir les mêmes phénomènes ou d'autres analogues. J'ai vu bien d'autres phénomènes, et beaucoup de personnes en ont vu de plus forts ; mais pour la raison susdite, je ne relate que les plus simples et les plus probants, ceux qui peuvent être obtenus sans grands frais ni appareils dispendieux de contrôle.

Toute théorie a pour fin de relier les faits entre eux et d'établir leurs rapports avec le sujet connaissant, de les ramemer à l'unité, à un seul principe qui les contienne tous. « Il n'y a de science que de l'*un* », a dit Aristote.

Le spiritisme est donc une science, quoi qu'en disent plusieurs, et comme on espère le démontrer plus loin. Il serait même fort à désirer que les autres sciences, sans en excepter les sciences

(1) Sauf un, dans le dialogue IV, p. 49, emprunté à Guyard : *Guide des gens du monde dans le choix d'une médecine* (1857), p. 12.

physiques, fussent aussi solidement constituées, que les hypothèses sur lesquelles on les a édifiées fussent aussi rationnelles.

Le spiritisme est aussi — et par conséquent — une religion. Il en est d'ailleurs ainsi de toute vraie science, puisque son but est de *relier* les choses entre elles et avec l'homme. Toute théorie, la racine du mot le dit, rattache les choses à leur source, à *Théos*.

Il n'y a pas solution de continuité réelle entre la science et la philosophie, entre la philosophie et la théologie. Il n'y a que différence de degré et non de nature. De toute science et de toute religion, l'homme est le centre et la circonférence, l'alpha et l'oméga.

Les sciences sont plus ou moins exactes; les religions sont plus ou moins scientifiques; les hypothèses — le ciment des faits — sont plus ou moins rationnelles, plus ou moins confirmées par l'expérience. Mais toute science est plus ou moins religieuse et l'est d'autant plus qu'elle est plus parfaite.

Bacon a dit : Un peu de science éloigne de Dieu ; beaucoup de science y ramène. Et Linnée : « Le Dieu éternel, immense, sachant tout, pouvant tout a *passé* devant moi. Je ne l'ai pas vu en face, mais ce reflet de lui, saisissant mon âme, l'a jetée dans la stupeur et dans l'admiration. »

La scission que l'on croit voir ou que l'on veut établir entre la science et la religion, entre la physique et la métaphysique, n'existe pas dans la nature des choses : elle n'est que le produit de l'antagonisme qui règne de nos jours entre les prêtres et les savants, au sujet de leurs privilèges et de leurs intérêts matériels. La science et la religion ne font qu'un ; l'Eglise et l'Ecole font deux.

Voilà, je crois, ce que démontre la théorie du spiritisme que j'ai esquissée dans ce petit livre, et que j'espère, plus tard, développer plus amplement.

Quant à la forme, j'ai pensé qu'en présentant le spiritisme *en action*, sous forme dialoguée, je rendrais les faits plus intéressants et les raisonnements moins arides, par conséquent, plus facilement accessibles aux lecteurs peu instruits et même à ceux qui, très instruits, ne veulent ou ne peuvent consacrer que peu de temps à ces études, pourtant d'importance primordiale, puisqu'il s'agit de notre destinée passée, présente et future.

La Quintessence du Spiritisme

PREMIER DIALOGUE

A. Savez-vous, M. B., ce qu'on m'a dit de vous ?...
Que vous étiez spirite ! Vous pensez bien que je n'en
ai rien cru. Je vous connais trop sérieux pour donner dans de pareilles billevesées ; cependant, j'ai été
bien étonné que M. X., non moins sérieux que vous,
me l'ait assuré si formellement.

B. Vous croyez donc qu'être spirite et sérieux sont
deux qualités inconciliables ?

A. Sans doute, n'est-ce pas l'opinion de tout le
monde un peu éclairé, que le spiritisme n'a pas le
sens commun et que les spirites sont tous plus ou
moins toqués, détraqués, fous, ou, pour le moins,
demi-fous ? C'est encore ce qu'a dit tout récemment
Haeckel dans ses *Enigmes de l'Univers*, et c'est avec
raison.

B. Avec raison ? Quelles preuves en a-t-il donc

1.

données ? J'ai lu toute la page qu'il a consacrée au spiritisme et je n'y ai vu que des affirmations gratuites, qui ne sont appuyées sur aucune raison, et encore moins sur des faits.

A. S'il n'a pas donné de preuves, c'est qu'il les a jugées superflues et connues de tout le monde.

B. De tout le monde, sauf les exceptions, car j'avoue, pour mon compte, que je ne connais pas la moindre raison que l'on puisse opposer sérieusement à la doctrine spirite, et que j'en connais beaucoup en sa faveur.

A. Alors, vous êtes vraiment spirite. Je ne l'aurais pas cru. Vous ne m'en avez jamais parlé. Vous ne cherchez donc pas à faire de la « propagande », comme le font la plupart des spirites que j'ai rencontrés ?

B. Je ne me vante ni ne me cache d'être spirite. Je ne vous l'ai jamais dit, parce que vous ne me l'avez jamais demandé. Vous me le demandez, je vous le dis. Je ne cache pas ma lumière sous le boisseau, mais je n'entends pas non plus l'ériger sur les tréteaux. D'ailleurs, j'ai toujours remarqué que le prosélytisme allait contre son but. J'ai donc toutes les raisons possibles de m'en abstenir. Et vous, vous n'êtes pas spirite ?

A. Et je n'ai nulle envie de le devenir.

B. Vous avez peut-être tort. Qu'êtes-vous donc ?

A. En religion, athée ; en philosophie, matérialiste ; en science, positiviste.

B. Vous êtes athée ? Avez-vous donc découver quelque preuve certaine et tangible de la non-existence de Dieu ?

A. Ce n'est pas nécessaire. Il suffit que je n'aie aucune preuve certaine de son existence pour la nier.

B. Vous allez trop loin. La sagesse dit : Dans le doute, abstiens-toi. Vous pouvez donc ne pas croire en Dieu, mais vous dépassez les bornes de la raison, vous enfreignez les règles du positivisme en niant, sans preuves, son existence.

A. En pratique, douter de Dieu ou le nier revient au même ; or, la pratique est l'essentiel en pareille matière, car, accordez aux théistes un pied chez vous, ils en auront bientôt pris quatre.

B. Si vous les laissez faire, peut-être ; mais c'est à vous de résister à leurs empiétements, et il n'y a pas là de raison suffisante de se mettre en opposition avec le bon sens.

A. Il n'y a aucun bon sens à croire en Dieu, à la Sainte Eglise catholique, apostolique et romaine, à la vie éternelle, infernale ou paradisiaque, infernale surtout, étant donné l'étroitesse du chas de l'aiguille...

B. Vous sortez de la question et mêlez ensemble des choses qui n'ont rien de commun. Le théisme et le catholicisme n'ont pas de grands rapports entre eux, je vous assure, et beaucoup de catholiques ne se moquent pas mal que vous croyiez en Dieu, pourvu que vous feigniez d'y croire. Distinguons donc le théisme du catholicisme. Je vous abandonne volontiers celui-ci, mais je soutiens que celui-là n'a rien que de très conforme au bon sens, à la saine philosophie et à la vraie science.

A. Vous le dites, mais où sont vos preuves ?

B. Dans la nature des hommes et des choses.

A. Que me contez-vous là ? Dieu dans la nature ? Vous devriez bien le montrer. N'est-il pas admis par tout le monde, même par les théologiens, que Dieu est surnaturel et, par les catholiques, que la nature, notamment celle de l'homme, corrompue par le péché originel, est opposée à la divinité ?

B. Laissons de côté le catholicisme, je vous l'ai déjà dit. Quant au surnaturel, ce n'est peut-être qu'une question de mots ; l'homme lui-même ne serait-il pas surnaturel ? En tout cas, il y a quelque chose en lui de divin, c'est-à-dire de supérieur à lui-même ; et ce n'est pas sans raison que la plupart des théologiens ont proclamé que *Dieu est en nous*, donc dans la nature.

A. La preuve, la preuve ? Je suis positiviste et je n'admets que les raisonnements reposant sur des faits.

B. Vous avez raison. Eh bien ! La preuve, vous la trouverez par l'analyse de la nature humaine. Ôtez en tout ce qu'il y a d'animal, de végétal, de minéral, en un mot, de matériel, le reste sera le divin.

A. Le reste sera zéro. Vous savez bien que tout dans l'univers n'est que matière et que l'homme ne fait pas exception.

B. La preuve, la preuve, vous dirai-je à mon tour. Vous dites que tout est matière, mais vous ne l'avez jamais prouvé. Vous n'êtes même pas capable de dire ce que c'est que la matière.

A. C'est un peu fort. La science moderne a démontré que la matière est de l'éther condensé.

B. Et l'éther ?

A. Belle demande ! C'est de la matière dissociée, diluée à l'infini.

B. Merci, me voilà bien avancé. Pour que ce va et vient de l'éther à la matière et de la matière à l'éther se réalise, il faut sans doute qu'un autre facteur intervienne.

A. Bien entendu. Ce facteur, c'est la force. C'est sous l'influence de la force que la matière se transmue, se transforme.

B. Tout n'est donc pas matière, comme vous l'avez dit. Le moins que vous puissiez admettre dans l'univers, c'est deux principes : matière et force.

A. C'est bien aussi ce que nous admettons ; seulement, ce ne sont pas là deux principes distincts. La matière seule est substantielle ; la force n'en est qu'un attribut. La force est inhérente à la matière.

B. Inhérente veut dire inséparable. Or, matière et force sont tout ce qu'il y a de plus séparable, de plus instable. On les trouve combinées dans tous les corps, mais en proportions infiniment diversifiées ; on voit la force passer d'un corps à l'autre, ce qui prouve sans réplique que ces deux principes sont distincts, indépendants l'un de l'autre, adhérents plus ou moins, non inhérents.

A. Ils sont distincts, je le veux bien ; mais ils sont subordonnés. La matière est la substance de toutes choses ; la force n'en est qu'une propriété, un mode, un accident.

B. Voilà bien des noms pour une seule chose. Si ces mots sont synonymes, un suffirait ; s'ils ne le sont pas, vous nous présentez trois sortes de forces, ce qui nous éloigne encore plus de notre point de départ : tout est matière. Et puis, pourquoi pas l'inverse ? Pourquoi la force ne serait-elle pas la substance des choses et la matière une propriété, un mode, un accident de la force ?

A. Ce sont là des arguties qui n'ont pas le sens commun. D'ailleurs, quand même on vous accorderait que force et matière sont deux principes distincts, en seriez-vous plus avancé pour établir votre divinisme de l'homme ? Otez la force, ainsi que la matière, du minéral, du végétal, de l'animal, de l'homme, le reste ne sera-t-il pas encore zéro ?

B. Peut-être. C'est ce qui reste à examiner. Il y a matière et force dans l'univers. N'y a-t-il que cela ? Force et matière sont aveugles ; leurs combinaisons ne pourraient être qu'amorphes, chaotiques, inordonnées. Or, il y a de l'ordre dans l'univers. Tout y est disposé et s'y fait par nombre, poids et mesure. De toute nécessité il nous faut donc admettre un troisième principe, recteur, ordonnateur. C'est ce que j'appelle le Divin.

A. Le divin ? L'ordre que nous voyons dans l'univers n'est qu'une création ou plutôt une illusion de notre esprit. Il n'y existe que parce que notre intelligence l'y met.

B. Nous avons donc un esprit. D'où peut-il nous venir ?

A. Il nous vient du corps, vous devez le savoir. Moleschott n'a-t-il pas dit : « Le sentiment de soi, la conscience n'est qu'une sensation de mouvements matériels, liée dans les nerfs à des courants électriques et perçus par le cerveau ». Et Carl Vogt : « Les facultés de l'âme ne sont que des fonctions de la substance cérébrale ; elles ont avec le cerveau à peu près le même rapport que l'urine avec les reins ».

B. L'image de Vogt est gracieuse, mais elle n'est qu'une image et ne fait d'ailleurs que reculer la difficulté. La sécrétion de l'urine par les reins n'est pas moins mystérieuse que celle de la pensée par le cerveau ; elle suppose aussi bien une intelligence directrice, autre que la vôtre, puisque cette sécrétion s'opère sans vous et même malgré vous. A ma question : d'où peut bien venir notre faculté de penser, je puis donc ajouter : d'où peut nous venir la faculté d'exécuter nos autres sécrétions.

A. Nous n'avons pas à nous occuper de cela. Les causes occultes, la métaphysique ne sont pas notre affaire. Nous sommes positivistes ; nous constatons les faits ; nous les classons, nous constatons les rapports qui existent entre eux ; nous n'allons pas plus loin. Et c'est déjà bien beau.

B. Je ne dis pas le contraire. Je trouverais même miraculeux qu'un amas d'atomes fît tout cela, et c'est justement ce qui m'étonne et me dépasse.

A. Tant que vous voudrez ; mais c'est un fait. L'esprit est un produit du corps ; il naît à la suite du corps, il en subit toutes les révolutions et perturbations, il meurt avec lui. Voilà ce que démontre la science positive.

B. Ce qu'elle *dit*, non ce qu'elle démontre. Le bon sens, lui, dit autre chose : Le même ne peut engen-

drer que le même ; l'effet ne peut être supérieur à sa
cause ; l'esprit ne peut donc provenir de la matière
ni de la force — les deux principes universels que
nous avons admis — qui sont aveugles, *aspirituels*.
L'esprit de l'homme suppose un esprit supérieur, de
même nature, duquel il tire son origine. C'est ce que
nous appelons le Divin.

A. Appelez-le comme vous voudrez. Et après ?

B. Après ? S'il y a du divin dans le monde, votre
athéisme n'est pas plus soutenable que votre matérialisme et, pour être raisonnable, vous devez y renoncer.

A. Pour devenir religieux, théologien, métaphysi-
cien, spiritualiste ? Merci. Je suis et reste positiviste ;
je ne coupe pas dans le miraculisme.

B. Vous êtes positiviste, vous avez bien raison. Je
le suis aussi et nous sommes faits pour nous entendre, car c'est précisément parce que je suis positiviste que je suis spirite.

A. Spirite, c'est-à-dire dupe de vous-même. Car
le spiritisme n'est pas autre chose qu'une illusion,
une hallucination des sens ou de l'esprit. Si c'est là
votre positivisme, je vous salue bien.

B. Ne vous pressez pas de me tirer votre révérence.
Où avez-vous pris que le spiritisme n'est que...

A. Où tout le monde le prend. Par tout le monde
j'entends l'élite, réserve faite d'une poignée d'illumi-
nés, d'hallucinés, d'illusionneurs ou d'illusionnés.

B. Méfiez-vous de tout le monde. Ce monsieur a
commis bien des bévues et entretenu bien des erreurs. Les représentants de cette élite que vous invo-
quez sont-ils positivistes ?

A. Indubitablement ; c'est même pour cette raison qu'ils sont anti-spirites.

B. En êtes-vous bien sûr ? Il y a des milliers de savants — de votre élite — qui nient le spiritisme sans avoir jamais observé ni expérimenté ; ils s'en glorifient même. Est-ce là être positiviste ? Par contre, je pourrais vous en nommer des centaines, en tous pays, qui ont été d'abord matérialistes comme vous — et moi, d'ailleurs — et qui, après avoir observé et expérimenté avec patience, bonne foi, impartialité, ont été conduits, non sans de longues et vigoureuses résistances, à reconnaître la réalité du spiritisme. Maintenant, vous qui êtes positiviste, avant de vous demander d'appliquer votre méthode au spiritisme, c'est-à-dire avant d'observer les faits, je vous prie de me trouver un savant devenu spirite qui se soit rétracté.

A. J'avoue que je n'en connais pas et qu'à choisir, pour en avoir le cœur net, comme on dit, j'aimerais autant expérimenter, m'assurer par moi-même de la réalité ou de l'irréalité des faits, que de me livrer à la recherche assez vaine d'une rétractation spirite, qui ne prouverait rien.

B. Je crois qu'en effet vous feriez mieux et qu'il n'est pas digne d'un positiviste de rejeter sans examen, d'écarter du pied en passant, un ordre de faits digne de toute l'attention des savants aussi bien que des ignorants.

A. J'étudierai même d'autant plus volontiers les phénomènes spirites, que j'espère bien prouver l'inanité de vos expériences et vous faire revenir de votre erreur.

B. Vous êtes propagandiste en votre genre. Je n'y vois pas grand mal. Je vous préviens seulement que beaucoup d'autres ont abordé l'étude du spiritisme dans les mêmes dispositions d'esprit que vous et que tous ceux qui, à ma connaissance, ont eu assez de bonne volonté et de patience pour bien examiner ont été convertis au lieu de convertir les autres.

A. C'est ce que nous verrons. Veuillez donc, je vous prie, me montrer des faits, ou m'enseigner la manière de les provoquer.

B. Avant d'expérimenter soi-même, il convient, comme en toute science, d'avoir quelque idée de ce qu'ont vu et fait les autres, de ce qu'ils ont observé et des explications qu'ils ont données des faits constatés par eux.

A. Je vois que vous allez rentrer dans la métaphysique, ou tout au moins dans les abstractions philosophiques sur l'âme, sa nature, ses facultés...

B. Pas le moins du monde. C'est selon la méthode positive, — car je suis peut-être plus positiviste que vous — sur l'histoire et sur l'observation des faits que je veux appeler votre attention.

A. Des faits, c'est cela. Voyons les faits que vous avez à me présenter.

B. Les faits se tirent des temps présents ou des temps passés. En tous temps et en tous pays, l'histoire et la tradition nous témoignent que les hommes ont cru aux esprits et ont considéré les âmes des morts comme survivant aux corps.

A. C'est le tort qu'ils ont eu...

B. Attendez. Ils ont cru parce qu'ils ont vu.

A. Des hallucinés, qui ont cru voir.

B. L'hallucination est un simple mot qui ne peut avoir aucune signification dans l'hypothèse maté-rialiste. Si toutes nos connaissances nous viennent des sens, comme vous le croyez, comment pouvons-nous voir ou croire voir des choses qui n'ont pas de réalité objective ?

S'il n'y avait eu au monde qu'un petit nombre d'ignorants à *croire voir* les fantômes, votre objection n'aurait déjà aucune portée ; mais c'est tout le monde, du petit au grand, de l'ignorant au plus savant, qui a vu et cru. Ces faits et croyances sont aussi anciens que le monde, et se retrouvent chez tous les peuples, sans qu'il y ait apparence qu'ils se les soient transmis les uns aux autres. C'est, en quelque sorte, une génération spontanée de l'esprit humain.

A. Je sais. Tant qu'il n'y a pas eu d'Académies pour contrôler ces contes bleus, on y a cru ; mais depuis qu'il y en a, la foi a disparu. Jamais ces phénomènes merveilleux ne se sont montrés et n'ont été reproduits devant un corps savant moderne.

B. Pour un positiviste, vous me paraissez avoir une bien grande foi dans l'infaillibilité académique ; les catholiques n'en ont pas plus dans celle du pape. Cela vaut peut-être mieux que de ne croire à rien. Je ne veux donc pas détruire votre croyance, non que ce soit difficile, mais parce que cela nous éloignerait trop de notre sujet. Je vous dirai seulement : De ce que les phénomènes spirites ne se sont jamais produits devant les Académies, il ne s'en suit pas qu'il soit impossible de les obtenir dans d'autres milieux, dans d'autres conditions. Nous savons par la tradition et l'histoire de tous les temps et de tous les pays que ces faits se produisent ; mais nous ne connaissons pas exactement toutes les conditions requises pour qu'ils aient lieu. Supposez un moment que ce soient effectivement les esprits qui les produisent. Il est possible, par exemple, qu'ils ne veuillent pas se donner en spectacle devant des gens qui peuvent ne pas leur être sympathiques.

A. Je crois qu'ils ont de bonnes raisons de ne pas le vouloir ; mais admettons provisoirement l'intervention de vos esprits. Que voulez-vous en conclure ?

B. Que le matérialisme n'est pas d'accord avec les faits fournis par l'observation et l'expérience ; que le corps n'est pas tout dans l'homme et que l'âme lui survit positivement.

A. Vous allez un peu vite dans vos conclusions. Je ne suis pas de ceux qui refusent toute foi à l'histoire et même à la tradition. Cependant les faits du genre dont vous parlez sont trop peu nombreux et trop insuffisamment contrôlés pour qu'on puisse leur accorder une foi positive, édifier sur eux une théorie, en tirer des conclusions philosophiques et des applications sociales.

B. Je ne vous demande pas non plus d'accepter mes conclusions. Je vous indique la solution du problème : à vous de vérifier les calculs qui y conduisent. Je vous marque le but du voyage et je vous invite à l'entreprendre, c'est-à-dire à examiner les faits

spirites, leur degré d'authenticité, la valeur des contrôles qui en ont été faits. Je m'estimerai très heureux
si vous ne rejetez pas ces faits *a priori* et je vous
féliciterai alors d'être fidèle à la méthode positive.

A. Vous voulez donc que je lise toutes les élucu-
brations qui ont été écrites sur les revenants, sur les
maisons hantées, sur les vampires, les incubes...

B. Toutes, c'est trop. Lisez-en cependant quelques-
unes et, après avoir acquis quelque idée des manifestations *spontanées* des esprits, si le cœur vous en
dit, nous nous occuperons des manifestations *provoquées*, qui forment l'objet plus spécial du spiritisme.

A. Ma foi, vous m'entraînez et je me laisse con-
duire. J'ai dans ma bibliothèque un certain nombre
de bouquins sur ces matières. Il est bon d'avoir un
peu de tout. Je vais en secouer la poussière, les par-
courir, puis je vous en dirai mon avis et, s'il y a
lieu, si cela me paraît en valoir la peine, nous expéri-
menterons, car votre calme, votre absence de prosélytisme et la fermeté de votre conviction m'inspirent
confiance.

B. Au revoir donc. J'espère que vous ne resterez
pas en chemin et qu'après avoir *lu* les phénomènes
spontanés, vous voudrez *voir* les phénomènes pro-
voqués.

DEUXIÈME DIALOGUE

A. J'ai lu quelques livres sur les revenants, les

maisons hantées, etc., notamment celui de Dassier (1).

Je n'en ai pas retiré une conviction complète, il s'en faut, j'y vois même beaucoup à redire. Cependant, il me paraît difficile d'admettre qu'il n'y ait pas dans tout cela une part de réalité. Des témoignages de fonctionnaires, de préfets, de magistrats ne sont pas de ceux qu'on rejette ordinairement sans examen. Enfin, tant qu'on n'a rien vu par soi-même, on a de la peine à croire des choses si étranges. Je suis donc tout disposé à aller plus loin et je vous saurais gré de me montrer quelques expériences.

B. Il faut être médium pour cela et je ne le suis pas.

A. C'est dommage. Vous devez connaître des médiums puique vous êtes au courant de ces questions.

B. Certainement, mais vous n'aurez pas confiance en eux, puisque vous croyez qu'ils sont tous des farceurs, des fraudeurs. Le mieux serait que vous trouviez un médium vierge, un médium sans le savoir, qui n'aurait jamais pratiqué.

A. C'est un peu embarrassant. Commençons toujours par un médium expérimenté, nous verrons plus tard à en trouver d'autres.

B. Si vous étiez médium vous-même, ce serait encore ce qu'il y aurait de mieux.

A. Moi? C'est peu probable. A quoi le reconnaît-on?

(1) *Essai sur l'humanité posthume et le spiritisme, par un positiviste,* Paris, 1883.

B. Comme pour les maçons, au pied du mur, en essayant.

A. Essayons donc.

B. Si vous le voulez ; mais notez que notre insuccès ne tirera pas à conséquence et ne prouvera qu'une chose, c'est que vous n'êtes pas plus médium que moi. Nous en serons quittes pour chercher un médium ailleurs. Mais je préférerais que vous le fussiez, ce serait plus probant pour vous.

A. Essayons, essayons.

B. Il y a divers moyens d'entrer en communication avec les esprits, autrement dit d'obtenir des manifestations *provoquées.* Il y a donc diverses sortes de médiumnités. Une des plus communes, un des moyens les plus simples et en même temps les plus probants est la *typtologie,* qui consiste en mouvements et coups frappés par une table, dans les conditions que je vais vous exposer.

A. Pourquoi se sert-on d'une table plutôt que d'autre chose.

B. Tout simplement parce que ç'est le moyen le plus commode pour nous et le plus à la portée de tout le monde.

A. Drôle de façon, vous en conviendrez, qu'ont les esprits de se communiquer. Cela seul devrait vous mettre en garde, sinon contre les faits, du moins contre la théorie. N'est-il pas ridicule que de prétendus esprits viennent animer et mouvoir une table pour entrer en communication avec nous ?

B. Le ridicule est affaire d'opinion. Nous n'avons aucun critère pour décider ce qui est ridicule ou non.

Quant à moi, je ne trouve là rien de ridicule, ni même d'étonnant.

A. Cela prouve que vous n'êtes pas facile à étonner, ni difficile à contenter.

B. Raillez, mais écoutez mes raisons. Supposons que les esprits existent et veuillent nous le faire savoir. Quels moyens auront-ils à leur disposition ? Les esprits sont des forces. Les forces ne se manifestent à nous que par leurs effets, par des mouvements quelconques.

Pour vous faire entendre d'un compatriote, vous parlez : c'est un mouvement d'organes vocaux transmis par l'air à un organe auditif. Pour vous faire entendre d'un étranger, vous faites des signes, s'il vous voit ; des bruits, s'il ne vous voit pas ; vous le touchez, si vous êtes près de lui. Autant de mouvements.

Supposons maintenant que vous soyez séparé de votre corps et qu'il vous reste votre âme. Cette âme, étant une force, ne pourra donc manifester sa présence que par des mouvements.

A. Ces mouvements devraient avoir lieu d'esprit à esprit et non par le moyen d'un corps matériel.

B. Ils ont bien lieu comme vous le désirez, ce sont les inspirations, les intuitions ; mais vous ne voulez pas y croire, vous ne croyez qu'à ce qui est tangible. Les esprits se mettent à votre portée.

A. Enfin pourquoi se servent-ils d'une table plutôt que d'un autre objet ?

B. Je vous retournerai l'argument : pourquoi ne se serviraient-ils pas d'une table aussi bien que d'un autre objet ? Il est probable que les esprits choisissent les moyens qu'ils trouvent plus commodes pour eux et pour nous. D'ailleurs, ils n'ont pas commencé par là. Ils ont fait entendre des coups, des craquements dans les murs, dans les meubles. C'est nous, plutôt qu'eux, qui avons adopté la table, et je crois que nous avons bien choisi. En effet, une table se trouve partout. C'est un meuble à la fois assez lourd etasser léger pour qu'on puisse bien contrôler ses mouvements et se rendre compte s'ils viennent de nous-mêmes ou d'une cause invisible. Au surplus, on peut se servir de bien d'autres objets et l'on s'en est servi au début des expériences spirites.

A. Le fait est que les manifestations spontanées qui ont lieu dans les maisons hantées consistent aussi dans des mouvements de corps, dans des coups frappés, etc. C'était une indication. Va donc pour la table.

B. Je vois avec satisfaction que vous avez déjà profité de vos lectures. L'essentiel, vous le comprenez, c'est : 1° le mouvement obtenu dans des conditions différentes et même contraires aux lois connues de la physique : 2° les preuves d'intelligence dans la cause, qui nous sont fournies par l'analyse de ces mouvements.

A. C'est bien cela. Si nous obtenons des mouvements qui échappent aux lois de la physique, et, surtout, des preuves d'intelligence dans la cause qui produit ces mouvements, je serai satisfait.

B. Ne précipitez rien. Nous ne connaissons pas toutes les lois de la physique. Ce que vous demandez ne suffirait pas pour démontrer formellement le spiritisme — c'est-à-dire l'intervention de l'âme des morts, — mais ce serait un bon acheminement.

A. Prenons donc une table. Quelle sorte de table faut-il? Un guéridon à trois pieds? Une table à quatre pieds avec ou sans roulettes?

B. La question est que l'instrument soit proportionné à l'ouvrier, c'est-à-dire à la potentialité du médium, pas trop lourde pour ne pas le fatiguer inutilement, pas trop légère non plus, car, alors, il serait difficile de s'assurer si les mouvements viennent d'une cause étrangère, invisible, ou tout simplement du médium. Un guéridon s'élève trop facilement; les roulettes sont plutôt gênantes. Une table de grandeur moyenne, à 4 pieds, sans roulettes, se tient mieux en équilibre. Cette table rectangulaire en bois blanc réunit assez bien les conditions requises.

A. Eh bien! Commençons.

B. Asseyez-vous en face de moi, de l'autre côté de la table.

A. Il nous faudrait d'autres personnes. Je n'ai jamais expérimenté, mais j'ai entendu dire et j'ai lu ces jours-ci qu'il fallait assez de monde pour entourer la table et faire la « chaîne », en se touchant par les petits doigts.

B. La chaîne est complètement inutile pour ce que nous voulons faire et le nombre est plutôt gênant.

A. Gênant? Abondance de bien ne nuit pas.

B. Le grand nombre de personnes n'est pas ici abondance de bien. Il y a des *amédiums*, qui ne servent à rien ; il y a même des *anti-médiums* typtologiques, qui neutralisent le médium et empêchent net les mouvements de se produire.

A. J'ai aussi lu, dans un ouvrage tout récent,que, pour bien réussir, il fallait, non seulement faire la chaîne, mais alterner les sexes autour de la table, ou tout au moins alterner les personnes *positives* avec les *négatives*, de manière à former comme une pile électrique.

B. Idée purement gratuite, fondée sur l'hypothèse que la cause efficiente des phénomènes est un fluide humain analogue au fluide électrique ; tandis que ce fluide n'est que la cause instrumentale. Il ne faut pas confondre le piano avec le pianiste.

A. Etes-vous bien sûr que le fluide humain ne soit pas la cause réelle ? Des auteurs que j'ai parcourus attribuent tout ou partie des phénomènes à l'inconscient, au psychisme, à l'animisme.

B. L'expérience, le seul vrai guide, nous apprendra ce qu'il faut penser de toutes ces hypothèses. Pour le moment, je me contenterai de vous dire que, si le fluide des assistants était la cause des phénomènes, plus ces assistants seraient nombreux et puissants, plus les résultats obtenus seraient merveilleux. Or, ou ne voit jamais rien de pareil. Les plus grands effets sont ordinairement produits par un seul médium, souvent même très chétif.

A. Une personne suffit donc, pourvu qu'elle soit médium. Alors, pourquoi se mettre à deux ?

B. Si le médium est seul à table, comment saurez-vous si c'est une cause invisible qui la meut, ou si c'est le médium par son seul effort, conscient ou même inconscient ? Quand on est deux, le second fait contre-poids.

A. Permettez-moi encore une question. Vous supposez que ce n'est pas le médium qui agit, volontairement ou involontairement, par son effort musculaire ou par sa force nerveuse, son fluide. D'autre part, vous convenez qu'il faut un médium. Comment conciliez-vous ces deux choses, qui me paraissent contradictoires ?

B. Je vous ai déjà dit que le médium n'est qu'une cause instrumentale ; il est le moyen dont l'esprit se sert pour se manifester. Il est le violon, l'esprit est le musicien.

A. Vous le dites, mais ça ne suffit pas. C'est le cas de dire : comparaison n'est pas raison.

B. Je ne vous donne pas ma parole comme une preuve suffisante, mais comme une indication à contrôler par l'expérience. Je vous répète que si la force nerveuse ou un fluide humain quelconque était la cause efficiente des phénomènes, l'intensité de ceux-ci serait en proportion du nombre des participants ; il n'y aurait pas besoin de médium, tout le monde le serait plus ou moins, la médiumnité deviendrait une question de quantité, non de qualité. Or, vous aurez certainement l'occasion de vous assurer de ce qu'il en est par la pratique.

A. Alors, le médium n'est qu'un intermédiaire entre l'esprit et la table, c'est une sorte de *médiateur plastique*, comme pourraient dire les philosophes.

B. Précisément. Le rôle du médium est et doit être purement passif. Il fournit à l'esprit une force — fluidique, puisque nous ne la voyons pas — qui lui est spéciale, qui est en *harmonie préétablie,* — comme diraient encore les philosophes, — avec celle de l'esprit, et c'est tout. C'est l'esprit qui agit par le moyen du médium. Bien loin d'intervenir avec sa force musculaire ou sa force nerveuse, le médium doit laisser son corps et aussi son intelligence et sa volonté dans un état aussi *anergique* et apathique que possible. Vous devez comprendre que l'intervention de la volonté ou de l'intelligence du médium troublerait l'opération de l'esprit et pourrait même le neutraliser tout à fait.

A. Il faut donc rester passif, de corps, d'intelligence et de volonté. Je vais faire mon possible pour cela. Maintenant que j'ai bien conpris mon rôle, voyons si je suis médium.

B. Posons nos mains sur la table, à plat, sans faire aucun effort... Recueillons-nous, c'est-à-dire, comme en toute chose, occupons-nous aussi exclusivement que possible, de ce que nous faisons, de ce que nous voulons obtenir, et attendons...

A. ... Je sens comme un léger courant électrique dans mes bras... Mes mains sont comme scellées sur la table par une force invisible... Un souffle frais passe sur mes mains... De sourds craquements se font dans la table... Et aussi dans les meubles.

B. C'est ce qu'on appelle des *raps.*

A. ... La table se soulève. Je ne fais pourtant aucun effort... Et vous ?

B. C'est de mon côté que la table quitte la terre et mes mains sont dessus. Je ne puis donc la soulever. Vous êtes médium de table ou *typtologue*.

A. Tiens ! C'est singulier. Je ne m'y attendais guère.
... La table repose à terre... Elle se relève... Elle retombe... Elle accélère ses mouvements.

B. Supposons qu'un esprit soit là, qui lui fasse faire ces mouvements, et interrogeons-le !

A. Il ne faut rien supposer ; ce ne serait pas scientifique ; nous ferions pétition de principe.

B. L'hypothèse n'est que provisoire. Nous verrons bien, par les réponses, si elles viennent de nous-mêmes ou d'une cause invisible quelconque, et, ensuite, nous chercherons quelle peut être cette cause.

A. Eh bien ! Interrogez. Nous allons voir.

B. Supposant que c'est un esprit qui meut la table, il est de même nature que nous. Nous devons donc être polis avec lui comme avec nos semblables vivants. D'ailleurs, il n'en coûte rien de lui dire : bonjour ou bonsoir.

A. Il répond... 1, 2, 3, coups.

B. Connaissez-vous l'un ou l'autre de nous ?

A. Il frappe encore, 1,2,3 coups.

B. Cela veut dire *oui*. Un coup signifie *oui* ; deux coups, *non* ; trois coups, confirmatif. Est-ce **M. A.** que vous connaissez ?

A. Trois coups. Oui.

B. Puisque vous connaissez M. A., vous devez savoir son nom, peut-être son prénom, son âge, sa profession. Veuillez nous les dire (1).

---

(1) Pour les non-initiés, rappelons que l'on nomme les lettres de l'alphabet dans leur ordre ; la table frappe dès qu'on arrive à la lettre que l'esprit veut indiquer. Ou bien

A. C'est bien cela. La table a bien répondu... C'est très curieux!... Mais que je suis bête ! Je savais tout cela et c'est moi-même qui me réponds en dictant à la table ce qu'elle doit dire. C'est ce que certains auteurs que j'ai lus appellent la réverbération de ma pensée dans la table, et voilà tout.

B. Des pensées se réverbérant dans une table, c'est quelque chose de peu banal ; surtout si l'on considère qu'elles s'échappent de leur source sans que leur possesseur en ait conscience. Car je présume que vous n'avez pas senti cette transmission de votre pensée? Il est possible que cette explication soit *scientifique*, la science moderne nous enseigne des choses si singulières.

A. Je ne tiens pas outre mesure à cette explication. Je l'indique parce que l'identité de l'esprit ne me paraît pas suffisamment prouvée.

B. Continuons donc, nous verrons par la suite si cette explication remplit le but et si l'esprit nous donnera des preuves plus certaines de sa présence.

A. C'est cela, continuons.

B. Puisque vous connaissez M. A., lui aussi vous connaît sans doute ou vous a connu autrefois ?

A. 1, 2, 3. *Oui.*

B. Alors vous pouvez lui dire vos nom, prénoms, âge, etc., comme vous avez dit les siens.

la table compte elle-même les lettres avec nous par les coups qu'elle frappe et s'arrête à la lettre voulue. Les chiffres se comptent dans leur ordre de la même façon. On décompose les grands nombres en unités, dizaines, etc.

A. Oui. — S'il dit cela, ce sera plus troublant, car je n'ai pas la moindre idée de ce que peut être cet esprit... Il les donne... C'est bien cela... J'étais pourtant loin de penser à lui.

B. Ce n'est donc pas votre pensée qui s'était réverbérée dans la table cette fois.

A. Assurément... du moins pour le nom, car, ensuite, le reste allait tout seul, je le savais. Mais, j'y songe, son nom même était dans ma subconscience, dans mon subliminal, dans mon *polygonal*, comme dit le Dr Grasset.

B. Et la table, pas si bête qu'elle en a l'air, l'y aura lu. Subconscience, subliminal, polygonal. Si les spirites avaient eu recours à ces mots pour expliquer les faits, comme les savants se seraient moqués d'eux ! Comme ils leur auraient reproché, avec raison, de faire des hypothèses invraisemblables, de se plonger dans la métaphysique jusqu'aux oreilles ! Il a suffi d'orner ces mots de palmes vertes, de rubans rouges ou violets pour les rendre scientifiques !

A. Je ne tiens pas outre mesure à ces explications. Vous m'avez conseillé de lire, j'ai lu et, dans ma mémoire, je puise les objections qu'on vous oppose, en y attachant si peu d'importance que si vous me proposiez de pareilles idées, comme vous le dites, je les trouverais ridicules, je refuserais de les accepter.

B. Voyons si nous pouvons obtenir des preuves plus certaines de la présence des esprits. Demandez autre chose, ou, mieux, laissez dire à l'esprit ce qu'il voudra, peut-être nous donnera-t-il quelque preuve de son *identité*. C'est ainsi que nous appelons la révélation par un esprit de choses qui ne peuvent être connues que de lui et dont on peut vérifier l'exactitude.

A. C'est peut-être assez pour aujourd'hui. Je ne me rends pas, mais j'avoue que je suis ébranlé. J'ai besoin de me ressaisir, de réfléchir à ce que j'ai vu.

B, Vous avez raison. C'est assez surtout pour une première fois. Nous pourrons recommencer un autre jour.

A. Demain si vous voulez. Il me tarde d'en avoir le cœur net. Mais si cela ne vous dérange pas trop, je préférerais que la séance eût lieu chez moi.

B. Cela ne me cause aucun dérangement. Je ne suis pas avare de mes pas. Donc, à demain, chez vous. Au revoir.

TROISIÈME DIALOGUE

B. Bonjour, M. A. Vous voyez que je suis fidèle au rendez-vous.

A. Et moi plus que fidèle, car nous serons trois. J'ai retenu mon ami C., non moins sceptique que moi et en qui j'ai toute confiance pour découvrir le stratagème, s'il y en a.

C. Je suis heureux, M. B., de faire plus intime connaissance avec vous. Mon ami A. m'a raconté la séance spirite qu'il a eue avec vous et il a voulu absoment que j'assiste aux merveilles de sa médiumnité typtologique. Je vous avoue que, sans nier formellement la réalité des phénomènes, j'y vois tout simplement, non pas une fraude de votre part, mais une illusion, c'est-à-dire quelque bon tour de la force psychique, des élémentals ou des élémentaires. Mais il est bon de tout examiner par soi-même, et je ne veux pas refuser à mon ami A. la satisfaction de prendre part à des recherches qui paraissent l'intéresser.

B. Vous êtes bien aimable, M. C., et je vois avec plaisir que, si vous n'êtes pas sans idées préconçues, vous êtes du moins sans parti pris. C'est tout ce que je demande. Puisque A vous a mis au courant de nos expériences, il est inutile d'y revenir et nous pouvons continuer.

C. C'est cela. Je suis déjà un peu initié à la méthode opératoire et je pourrai vous suivre. Toutefois, je ne vous cacherai pas que mon intime conviction est que les phénomènes obtenus par les spirites se réduisent à ce que les savants appellent l'extériorisation de la force psychique qui est en nous. Vous aurez de la peine à m'en faire démordre, car cette extériorisation est expérimentalement démontrée.

B. Elle peut être expérimentalement démontrée et n'être pas la cause des phénomènes spirites. Qu'entendez-vous, d'abord, par force psychique? Cette force est-elle aveugle ou intelligente?

C. Je ne crois pas que les savants se soient expliqués bien catégoriquement sur ce point.

B. Vous voyez déjà quelle précision ils mettent dans leurs théories. La chose en vaut pourtant la peine, étant donné le rôle qu'on veut faire jouer à cette force.

C. Je pense qu'ils la supposent aveugle, puisqu'ils admettent la réverbération de pensée, qui la complète en expliquant les réponses plus ou moins intelligentes des tables.

B. Bien. Si elle est aveugle, elle peut tout ou plus mouvoir la table, mais non donner des réponses sensées aux questions qu'on lui adresse.

C. C'est déjà beaucoup qu'elle suffise à expliquer les mouvements des tables et à en écarter les esprits.

B. Ce serait quelque chose si elle expliquait ces mouvements, mais il n'en est rien.

C. Qu'en savez-vous ? N'est-il pas plus naturel d'attribuer ces mouvements à une force connue qu'à des forces invisibles et inconnues ?

B. L'explication serait naturelle, si elle était satisfaisante — adéquate au phénomène, pour parler comme les savants ; mais je dis qu'elle ne l'est pas, et je le prouve.

La force psychique, dérivant d'après vous de la force physique, doit se trouver dans tous les hommes en proportion de celle-ci. Les hommes les plus forts corporellement doivent être les plus forts psychiquement. S'il en était ainsi, on obtiendrait les phénomènes *à volonté* et, comme je l'ai dit à M. A., leur intensité serait proportionnée au nombre et à la puissance physique des participants. Or, l'expérience infirme complètement cette hypothèse.

Non seulement on n'obtient pas les phénomènes que l'on veut et quand on veut, mais souvent on a le contraire de ce qu'on désire ; quelquefois on n'obtient rien, malgré le plus grand désir qu'on en ait.

Il arrive même que la table, non seulement ne bouge pas, mais est comme scellée au parquet. En aucun cas les phénomènes obtenus ne sont en rapport avec le nombre des assistants.

La force psychique étant, d'après la science, un produit de la force physique, ne peut être supérieure à celle-ci. Un médium ne pourrait donc, par son moyen, produire de plus grands effets que par sa force physique. Or, on a vu des buffets, des armoires se déplacer sous *l'influence* d'un faible médium. La force psychique n'explique donc pas les simples mouvements des tables, encore moins les autres phénomènes médianimiques, elle peut être la cause instrumentale, mais non la cause efficiente, même des phénomènes physiques.

C. Nous avons supposé la force psychique aveugle ; mais je ne suis pas le porte-parole des savants ; peut-être est-elle intelligente. La pensée, en effet, doit s'extérioriser avec le psychisme et même ne faire qu'un avec lui, et alors...

B. Et alors elle fera double emploi ou se confondra avec la transmission de pensée, et elle ne pourra reproduire que nos propres idées.

C. C'est bien ainsi que nous l'entendons. Toutes les prétendues révélations des esprits ne sont que des reproductions des idées du médium ou des assistants.

B. Vous le dites, mais ceci est une question de fait. Il s'agit de s'assurer si les réponses des tables sont toujours d'accord avec les idées du médium ou des assistants.

C. C'est une question de fait. Allons donc aux faits.

B. Mettons-nous à la table tous les deux.

. . . .

C. La table ne bouge pas. Voyez-vous, c'est moins que je ne croyais...

B. Cela provient de ce que la quantité n'y fait rien, puisqu'elle a bien bougé hier.

C. Il devait y avoir quelque chose là-dessous.

B. Il y avait que vous n'étiez pas là et que vous n'êtes pas médium typtologue. M. A ., voulez-vous prendre place à la table.

C. La table ne bouge toujours pas.

B. Cela prouve, ou qu'aucun esprit n'est présent, ou que vous êtes *anti-typtologue.*

C. (ironiquement): Je m'en suis toujours douté !

B. Peut-être même la table est-elle plus lourde que son poids naturel. Essayez, A. de la soulever.

A. Impossible, on la dirait vissée au plancher.

B. Il doit y avoir quelque chose *là-dessus.*

A. Retirez-vous un moment, C. nous allons voir.

. . . .

Voilà, la table marche. Vous savez que la table n'est pas mécanisée et vous voyez que je ne fais aucun effort.

C. Je n'en sais rien, mais continuez.

B. Vous n'en savez rien ? Soulevons nos mains un peu au-dessus de la table.

A. Elle continue de se mouvoir. Elle frappe des coups sans contact de nos mains. Regardez bien, C., si nous ne la soulevons pas par dessous.

B. Remettez vos mains sur la table, M. C.

A. Plus rien. Vous êtes décicément anti-typtologue.

3

B. Retirez vos mains, M. C., et observez bien, pendant que A. va interroger l'esprit.

A. Etes-vous l'esprit qui s'est communiqué hier ?

X. Oui.

A. Pouvez-vous nous dire si C. a quelque médiumnité ?

X. Oui

B. Laquelle ?

X. Ecriture mécanique.

C. Je ne serais donc pas tout à fait excommunié.

B. Personne ne l'est, mais il ne faut pas trop tôt crier victoire. La plupart des esprits ne sont pas plus savants ni meilleurs que nous. Ils peuvent se tromper ou nous tromper. Il faut toujours, autant que possible, contrôler ce qu'ils disent. Essayons donc.

A. Si l'esprit a dit vrai, il n'a probablement pas réverbéré votre pensée.

C. Assurément non. J'étais loin de me croire médium écrivain mécanique. Je dois dire que je ne sais même pas en quoi consiste cette médiumnité.

B. Elle consiste en ce que, tenant la main, munie d'un crayon ou d'une plume, posée sur une feuille de papier, et restant calme et passif, de la main comme du cerveau, votre main écrira toute seule, sans que votre volonté intervienne pour la mouvoir, ni votre intelligence pour la diriger. Voyons.

C. .....Ma main remue toute seule... malgré moi... Elle écrit sans que j'y sois pour rien... c'est étrange !

A. Voyons un peu ce que vous avez écrit.

C. (regardant.) Rien du tout. Des jambages incohérents.

B. (placé en face de C). Attendez. Vous avez écrit à l'envers : *Voyez, puis croyez.*

A. C'est bien cela. Voilà qui est singulier.

B. Nous allons peut-être avoir une séance intéressante, comme j'en ai eu jadis avec d'autres médiums. M. C. mettez-vous à cette autre table ; vous laisserez votre main répondre aux questions que nous poserons à l'esprit qui est sensé mouvoir celle-ci, nous verrons si les réponses concordent.

A. Ce serait vraiment troublant ; mais je doute fort que cela arrive.

B. Essayons toujours. Interrogez vous-même pour tâcher d'obtenir quelque chose que vous ignoriez.

A. Comment faire ? Vous m'avez dit hier des choses qui m'ont ébranlé, mais ne m'ont pas convaincu. Je désirerais vivement que vous me disiez aujourd'hui une chose, une seule, que je n'aie certainement pas dans l'esprit, et qui me prouve ainsi votre identité.

X. Interrogez, je ferai mon possible.

A. Vous souvenez-vous de l'excursion que nous avons faite ensemble sur les côtes d'Afrique ?

X. Parfaitement.

A. En quelle année était-ce ?

X. En 1887.

A. Vous souvenez-vous de ce qui nous a le plus intéressés à Bône ?

X. Promenade en mer, pêche au corail, visite des ruines d'Hippone.

A. A quelle date sommes-nous allés à Hippone ?

X. 2 août.

A. Où avons-nous passé la journée du 15 août ?

X. Alger.

A. Non.

X. Alger. Alger.

A. Non, non, non.

X. Alger. Alger. Alger.

A. Vous vous trompez. C'est à Oran que nous avons passé le 15 août. Ne vous souvenez-vous pas de la fête, du feu d'artifice, des fantasias arabes ?

X. Alger, 15 août.

A. Vous avez oublié, ou vous n'êtes pas la personne que vous dites être.

X. Alger, 15 août.

A. Oran, vous dis-je.

B. Ce n'est du moins pas votre pensée qui se réverbère, puisque cet esprit vous contredit si obstinément.

C. Et moi aussi j'écris Alger. Toutes mes réponses sont conformes à celles de la table.

B. Mais vous, M. A., êtes-vous bien sûr que votre mémoire vous est fidèle ?

A. Certainement. D'ailleurs, il est facile de vous le prouver. J'ai dans ce secrétaire mes notes de voyage.

B. Voyons donc, pour en finir.

A. ...C'est renversant. C'est lui qui a raison. Alger, 15 août. Oran, 25 août. Ah ! je sais ce qui m'a fait confondre. Nous avons pris part à une fête à Oran le 25, que je transférais au 15 parce que ce jour est férié.

B. Si nous n'avions pas contrôlé, vous auriez cru que cet esprit vous trompait.

A. Que pensez-vous de cela, M. C. ?

C. Je n'y comprends rien. Ce n'est pas ma pensée non plus qui a dirigé ma main, car je n'étais nullement au courant des détails de ce voyage.

A, Personne ne pouvait savoir ce détail. A moins que ce ne soit le diable, il faut bien convenir que c'est mon ami X., mort en 1892, qui se manifeste ici.

B. Il est certain qu'il faudrait y mettre de la bonne ou plutôt de la mauvaise volonté, pour attribuer cette réponse, si persistante, à votre fluide nerveux, à votre électricité humaine, à votre animisme, à votre psychisme extériorisé, à votre subconscient, à la transmission de votre pensée, aux élémentals, au polygonal, à quelque hypothèse que ce soit parmi celles qu'ont imaginées les savants.

C. Evidemment. On pourrait dire, à la rigueur, que cette réponse était dans le subconscient de M. A. et que c'est de là qu'elle lui est venue...

A. Je serais fort surpris que mon subconscient fût si avisé et mon conscient si borné.

C. En tout cas, les réponses n'étaient pas plus dans mon subconscient à moi que dans mon conscient ; or, mes réponses par l'écriture précédaient celles de la table et y étaient conformes.

B. Ou c'est le diable, ou c'est l'esprit évoqué lui même qui a répondu. Quant à moi, je n'y vois pas de moyen terme.

C. Je ne vois même pas la possibilité de l'un des extrêmes. Comment et pourquoi le diable, supposé qu'il existe, interviendrait-il dars cette affaire ?

A. Oui, comment saurait-il, par qui aurait-il appris si j'étais à Alger ou à Oran le 15 août?

B. Il a peut-être farfouillé dans vos papiers, et il est venu pour vous détourner du matérialisme?

A. Vous plaisantez. Quel intérêt y aurait-il? Veut-il me ramener au catholicisme? Ce n'est guère dans ses habitudes, d'après ce que disent les théologiens. D'ailleurs, il y perdrait bien son temps.

B. Si ce n'est pas Satan, qui ça peut-il être?

A. Je n'en sais rien. J'y perds mon latin.

C. Moi aussi. Résumons. C'est certainement une cause intelligente, douée de conscience et de volonté, qui a donné cette réponse.

B. Exactement comme l'aurait fait une personne.

C. Décidément, la théorie spirite est le seul refuge qui nous reste, si nous ne voulons pas donner notre langue aux chiens. Mais elle contient tant d'invraisemblances, d'absurdités, de contradictions, qu'il est impossible de l'admettre.

B. Impossible, tant que ces invraisemblances, ces contradictions, ces absurdités ne seront pas résolues; mais êtes-vous bien sûr qu'elles ne le sont pas déjà? Avez-vous lu les ouvrages spéciaux ou l'on a tenté de les résoudre?

C. Ma foi, non; mais je les lirai volontiers maintenant, car je vois que la question vaut la peine d'être approfondie. J'en ai quelques-uns qui dorment depuis longtemps dans ma bibliothèque; je vais les réveiller, et les lire. Je continuerai aussi à écrire, c'est-à-dire à laisser ma main écrire.

A. Et moi à faire parler la table.

B. Lisez tant que vous voudrez, mais je vous engage l'un et l'autre à ne pas abuser de vos médiumnités ; je vous conseille même de ne les exercer qu'en compagnie d'une personne compétente, qui vous dirige dans vos opérations jusqu'à ce que vous ayez bien compris le spiritisme et sa philosophie.

A. Pourquoi ne continuerions-nous pas à nous réunir ? Si vous y consentez, vous dirigerez nos expériences et nous les discuterons ensemble, ainsi que nos lectures.

B. Très volontiers. Seulement, il n'est pas nécessaire, ni même utile, de nous réunir tous les jours. Chaque chose a son temps. Il ne faut pas que l'au-delà nous fasse négliger l'en-deçà, que l'évocation des esprits nous absorbe comme il arrive à certaines personnes désœuvrées, qui s'en font un passe-temps. Nous sommes sur la terre pour y vivre notre vie terrestre, c'est-à-dire pour nous suffire à nous-mêmes et, au besoin, pour aider les autres. Une réunion par semaine suffira désormais pour nous occuper de l'extra-terrestre.

A. C'est convenu. C'est aujourd'hui vendredi ; donc, à vendredi prochain.

C. Si vous y consentiez, la prochaine réunion aurait lieu chez moi. Ce n'est pas que je vous soupçonne de fraude, mais les phénomènes sont si étranges qu'il est bon de les répéter dans des conditions variées ; on ne saurait prendre trop de précautions pour n'être pas trompé et, par suite, ne pas tromper les autres. De plus, je serais curieux de voir si ma femme ne serait pas médium. C'est peu probable : elle est corpulente, d'un tempérament lymphatique ; or, ce sont surtout, je crois, les personnes nerveuses qui possèdent des médiumnités.

B. Le tempérament n'a pas grande influence ; on voit des médiums de tous les tempéraments. C'est à l'œuvre qu'on les connaît.

C. Eh bien ! Nous verrons ce qu'il en est. Donc, à vendredi.

QUATRIÈME DIALOGUE

Le vendredi suivant, les trois mêmes personnes se trouvèrent réunies et, en plus, la femme de M. C. que, pour abréger, nous désignerons par la lettre D.

D. Vous m'avez changé mon mari, M. B. Il est re. venu vendredi dernier tout bouleversé ; il m'a raconté ses hauts faits, et, depuis, il ne parle plus que de spiritisme.

B. Et vous, Madame, vous ne croyez pas à ces bagatelles-là ?

D. Mon Dieu, je ne nie pas le spiritisme, puisque je n'ai jamais vu de phénomènes de ce genre ; d'ailleurs, mes connaissances en philosophie et en science sont trop bornées pour que j'ose prendre un parti. Toutefois, quoiqu'il ne paraisse pas absurde que nos âmes survivent à nos corps, je doute qu'elles puissent revenir, et il me paraît bien extraordinaire que ce soient elles qui remuent nos tables, nos bras et engagent ainsi conversation avec nous.

B. Tout est extraordinaire pour celui qui n'a pas vu. Nous trouverions aussi extraordinaire que les plantes, les animaux, les hommes naissent, croissent, meurent, si nous n'étions accoutumés à le voir.

D. C'est juste. Tout est miracle pour l'ignorant. Je serai donc contente d'assister à vos expériences, et d'autant plus confiante dans les résultats produits, que je suis parfaitement sûre que rien n'est truqué dans la maison.

B. Eh bien ! Commençons, si vous le voulez bien.

C. La table de cuisine est occupée, mais voici une table ronde, sans roulettes, pas trop grande, pourra-t-elle faire l'affaire ?

B. Parfaitement. Voulez-vous vous mettre à la table avec moi, M. A., nous allons demander, d'abord si Mme D. est médium.

C. Elle l'est si mon écriture ne m'a pas trompé, mais pour ne rien déranger, je ne dirai pas quelle est sa médiumnité.

B. Demandons par la table, puis par l'expérience.

A. ... Médium à effets physiques.

C. C'est cela même.

B. En effet, voilà des craquements qui se produisent dans la table, dans les meubles. Voulez-vous vous mettre à la table, Madame, et remplacer M. A. ?

D. . . .La table saute. Elle s'éloigne. Elle semble vouloir marcher.

B. Ne la contrarions pas ; levez-vous et suivez-la.

A. On dirait que le tapis la gêne, elle le repousse.

B. Otons-le.... Là !

D. La voilà partie.

B. Suivez-la toujours. (*A la table*) : Allez vers A.

(Elle y va). — Allez trouvez C. (Elle y va). — **Faites**
le tour du salon.

D. Comme elle marche vite.

B. Ce n'est pas vous qui la poussez ?

D. J'en suis bien incapable ; j'ai peine à la suivre... Je ne puis plus... C'est elle qui m'entraîne.

C. à *D.* Il est certain que je ne t'ai jamais vue courir si vite.

D. Assez, assez, je suis tout essoufflée. Je vais tom-
ber.

B. (*A la table*) arrêtez-vous. Revenez doucement au
milieu du salon... Là ! — (*à D.*) : Il est probable que
vous pourrez soulever tout à fait la table. Mettons-
nous à la table, sauf M. C. qui, étant anti-typtologue
empêcherait tout, et observera si nous ne la soulevons pas avec nos genoux ou par tout autre moyen.

C. La table se soulève. Tout d'une pièce.

B. Soulevons aussi nos mains, doucement, peu à
peu.

D. La table suit nos mains. Oh ! C'est merveilleux !

B. Levons-nous.

C. La table monte toujours. Elle s'incline.

B. Suivons tous ses mouvements de nos mains.

C. La voilà horizontale, suspendue en l'air... Elle
se redresse, sans se presser... La voilà reposée à
terre.

D. Puisque la table se soulève sans contact des
mains, ne pourrait-elle frapper ses coups dans les
mêmes conditions ? Nous serions ainsi plus sûrs que
les coups ne sont pas produits par nos efforts incons-
cients.

B. Elle frappera sans doute. Cela se voit souvent.

D. Elle frappe... Elle s'arrête... Elle reprend.

B. Elle veut probablement dicter quelque chose. Prenez note A. Ecrivez, C.

. . . .

D. Ce qu'elle dit n'a aucun sens. Toute une série de consonnes.

B. Continuez, continuez, ne nous troublons pas, nous verrons après. Nous demanderons à l'esprit des explications s'il y a lieu.

D. ...Maintenant, c'est toujours des voyelles.. La table s'arrête et retombe.

A. Ça ne rime à rien ce que la table a dicté :

v z p s c r z o y e u i o y e.

C. Alors, nous ne sommes pas d'accord, car ce que j'ai écrit a parfaitement un sens. Ce serait trop beau, si nous étions toujours du même avis.

B. Voyons, M. C., ce que vous avez obtenu.

C. Comme à la séance précédente : *voyez, puis croyez.*

B. Et vous, M. A... Et bien ! Intercalez les voyelles données par la table entre les consonnes, vous avez la même phrase que C.

A. C'est vrai. C'est absolument exact. Quelle idée a eu l'esprit de dicter dans cet ordre.

B. C'est une idée baroque, mais c'est une idée, et si aucun de nous ne l'a suggérée à la table, il n'est guère probable que le psychisme inférieur, le subliminal ou le polygonal s'amuse à de pareilles choses.

D. On sonne. Que c'est ennuyeux ! Ça va tout

interrompre. Je vais dire à la bonne de ne pas recevoir... Trop tard, on est entré... C'est le Dr E. Je re-
connais sa voix.

C. Faisons-le entrer, lui, matérialiste enragé, qui
trouve Haeckel réactionnaire et le traite de renégat.
Il va faire une drôle de figure parmi nous.

D. Bonjour, docteur. Par extraordinaire, vous
nous surprenez désagréablement, ou du moins dans
un moment critique.

E. Vous avez du monde? Je vous dérange? Je me
retire, au revoir.

D. Non, non. Si ce n'est pas vous qui êtes dérangé
et même dérouté, vous ne nous dérangerez pas.
Entrez.

E. Que faisiez-vous donc de si sérieux?

D. Du spiritisme. Nous faisions parler cette table,
et je vous assure qu'elle s'en acquitte...

E. Ah! ah! ah! ah! ah! Les tables tournantes,
les tables parlantes! On s'en occupe donc encore?
Mais vous ne m'aviez pas dit que vous fussiez
spirite.

D. Je ne le suis pas, ou, du moins, il n'y a pas
longtemps. Si c'est un péché contre le monisme que
de faire parler les tables, je vous assure que je le
commets pour la première fois; mais je m'en
confesse sans m'en repentir. Cette table a fait et dit
des choses merveilleuses.

E. Ah! ah! ah! ah! Il faudra porter cette table à
la première assemblée générale de l'Institut. Je
parie qu'elle ne dira rien de merveilleux devant
moi?

D. Il n'en coûte rien d'essayer et, si vous voulez prendre part à notre séance, nous allons la continuer.

E. Très volontiers. Plus on est de fous, plus on rit. Eh bien ! Voyons, cher esprit — c'est ainsi, je crois, qu'on interpelle les tables parlantes ? — dites-moi quelque chose, ce que nous voudrez, soyez gentil, guérissez un moniste incurable.

C. Regardez bien, docteur, sans contact des mains, ni des pieds, ni des genoux, la table s'élève, quitte le sol.

E. Sans contact, c'est vrai. S'il y a une ficelle, elle est fine. Allons, cher esprit, parlez, confondez un mécréant.

D. Il répond. Ecoutez. Ecrivez, M. A.

E. Oui, écoutons respectueusement, pieusement, des banalités, des réverbérations de nos pensées.

A. La table a dicté : *Non mortui laudabunt te, Domine !*

C. Singulière réverbération de pensée. Ne croyez toujours pas que ce soit la nôtre, docteur.

E. Je vous prie de m'excuser si je n'assiste pas plus longtemps à vos exercices de piété. Je vais à la séance de la Commission d'enquête sur les habitations ouvrières. J'ai voulu vous dire bonjour en passant, mais il ne faut pas que je me mette en retard. Au revoir.

D. En retard. Il l'est déjà beaucoup.

C. Il arrive à temps pour signer la feuille de présence et gagner son jeton: C'est l'essentiel.

D. Pauvre docteur ! A-t-il été vexé de la réponse

qu'il a reçue ! Il ne s'y attendait guère, mais il l'a
bien méritée.

B. Cela lui donnera peut-être à réfléchir.

D. Alors vous croyez, M. B., que ce sont les
esprits qui meuvent les tables et donnent les communications que nous avons reçues ?

B. Du moins je ne demanderais pas mieux que
d'avoir une autre explication, mais je n'en trouve
point d'aussi vraisemblable, d'aussi rationnelle ;
toutes les autres qui ont été proposées ne supportent
pas l'examen.

D. Il me paraît bien étrange, sinon que l'âme survive au corps, du moins qu'elle puisse se communiquer à nous et par de tels moyens. A quoi bon ?

B. Vous montrez là le bout de l'oreille de la
ménagère. Bon ou mauvais, la question n'est pas
là au point de vue scientifique. La première chose,
je ne dis pas la seule, — est de découvrir la vérité.
Pour cela, il faut constater les faits et remonter
autant que possible à leurs causes. Ensuite, ensuite
seulement, on peut et doit examiner l'utilité et la
moralité, rechercher quel parti on peut tirer de
la découverte ou quel danger peut en résulter.

D. Les faits que nous avons obtenus me paraissent bien évidents. Je suis sûre qu'il n'y a pas eu de
fraude. Quant à l'explication, elle n'est guère de ma
compétence ; cependant, d'après le résumé que m'a
fait C. de sa conversation avec vous, votre hypothèse
me paraît assez plausible.

C. Plausible, soit ; mais il n'en reste pas moins de
grandes obscurités que je ne puis éclaircir. J'ai lu

quelques ouvrages, comme vous me l'avez conseillé ;
j'ai réfléchi, et je ne suis guère plus avancé ; je reste,
comme dirait Rabelais, ébahi et perplexe.

A. Et moi de même. Je ne me dirai plus matérialiste et athée, car je vois qu'il s'en faut de beaucoup
que cette opinion soit fondée ; mais je reste positiviste, et la théorie spirite ne me paraît pas encore
assez positive pour être acceptée.

B. Il ne faut pas vous presser de croire. Il ne faut
même pas croire du tout. Je ne suis pas de ceux qui,
après vous avoir montré *un fait*, vous mettraient
presque le couteau sous la gorge pour vous faire
avaler aussi leur théorie, comme si l'une ne pouvait
aller sans l'autre. Après avoir vu, il faut réfléchir et
raisonner...

A. Non seulement raisonner, mais revoir encore ;
car je vous avoue que, les séances terminées, j'ai
peine à en croire mon propre témoignage. Il me
semble que j'ai mal vu, que j'ai été halluciné, que
j'ai rêvé. Et je suis sûr que notre docteur sera dans
le même cas.

C. C'est bien probable. Du moins je me trouve
aussi dans les mêmes dispositions d'esprit que A. Le
phénomène est si nouveau, si imprévu que je n'en
puis croire mes sens. Je suis donc loin de blâmer
ceux qui ne veulent pas s'en rapporter au témoignage d'autrui en cette matière.

B. Ne vous pressez pas de conclure, je vous le
répète. Voyez et revoyez les phénomènes de toutes les
façons possibles, lisez, méditez, jusqu'à ce que votre
conviction vous entraîne.

D. A ce propos, il y a, je crois, d'autres médiumnités. Quoique je ne m'en sois pas occupés, j'ai
plusieurs amies qui m'ont parlé quelquefois de spiritisme, et qui prétendent même voir les esprits et les
entendre. Je ne les ai jamais mises à l'épreuve,
mais je suis persuadée qu'elles sont sincères et de
bonne foi. Que pensez-vous de ces facultés, de ces
médiumnités. Ne pourraient-elles pas nous servir à voir et revoir les phénomènes et à nous
assurer s'ils viennent réellement des esprits ou non ?

B. Toutes les médiumnités sont bonnes à étudier. Les médiums voyants et auditifs peuvent servir
de moyen de contrôle pour les autres médiums.

D. Voulez-vous que j'invite une ou deux de ces
dames pour une prochaine séance ?

B. Rien de mieux. Je connais aussi de pareils
médiums, mais je préfère qu'ils viennent de votre
part, ils vous inspireront plus de confiance. Nous
verrons... ou nous ne verrons pas, peu importe ;
l'essentiel est de chercher et de contrôler les médiums
les uns par les autres.

D. Alors, j'inviterai quelques-unes de mes amies.
Elles vont êtres bien surprises de me voir sur le
chemin de Damas, moi qui me moquais toujours
d'elles...

B. Si vous les invitez, il faudra peut-être quelques
préparatifs ; d'ailleurs, elles vous le diront elles-
mêmes.

C. Ah ! S'il faut des appareils, c'est inutile ; mieux
vaut nous en tenir aux moyens simples dont nous
disposons et les bien employer.

B. Oh ! Les appareils ne sont guère compliqués et ne peuvent prêter à la fraude. D'abord, pour les médiums auditifs, il n'en faut aucun. Quant aux médiums voyants, la plupart opèrent sans aucun secours accessoire ; d'autres se servent d'un verre d'eau, d'une carafe, d'une boule de cristal spécialement destinée à cet usage.

C. Si ce sont là tous vos préparatifs, je ne m'y oppose pas.

D. Alors, à tout hasard, je me procurerai des boules. Mais, si vous n'y voyez pas d'inconvénient, nous commencerons par ne nous servir d'aucun instrument, ou tout au plus du verre ou de la carafe, ne recourant aux boules qu'à la dernière extrémité ; car je craindrais un peu qu'elles ne fussent préparées.

B. Vous êtes prudente et je vous approuve, tout en vous faisant observer que, si les boules étaient préparées, on y verrait toujours les mêmes choses et tout le monde pourrait les voir. Il sera donc procédé selon votre désir ; nous ne nous servirons des boules que si nous n'obtenons rien autrement ; mais vos amies étant déjà exercées, il y a lieu d'espérer que nous aurons quelque chose.

D. Si cependant vous aviez quelque raison particulière d'user des boules, je ne veux pas vous contrarier sur ce point.

B. Aucune raison, je vous assure. Dans mes expériences passées, je n'ai pas interdit les boules, mais je n'ai fait généralement usage que du verre d'eau, qui ne porte ombrage à personne.

D. Qu'il porte ombrage ou non, s'il est inutile, il ne faut pas s'en servir.

B. Il est inutile pour les bons médiums, quand ils sont bien formés ; mais il est utile pour les débutants, ceux qui possèdent la médiumnité en puissance seulement ; il aide à la développer.

D. Je ne comprends pas à quoi il peut servir.

B. Il y a des médiums qui voient spontanément, sans aucun effort ; mais ils sont très rares. Les uns ont besoin de fixer un objet brillant ; d'autres un objet quelconque ; à ceux-ci il suffit de fixer un point dans l'espace, ne fût-il qu'imaginaire. Cette fixation du regard les aide à se concentrer sur eux-mêmes, à s'isoler du monde extérieur, des objets matériels et leur facilite la vue des objets spirituels. Ils s'accoutument ainsi à la concentration et, l'habitude prise, ils n'ont plus besoin d'aucun objet pour entrer en rapport visuel avec le monde des esprits : un simple effort de leur volonté suffit.

D. Ça, c'est de la théorie, je ne la comprends pas très bien ; mais l'essentiel est que rien d'insolite n'entre dans nos expériences. Donc j'inviterai mes amies pour vendredi prochain, et nous verrons.

B. Nous ne verrons pas tous, mais espérons que nous *verrons voir*, ce sera toujours autant.

CINQUIÈME DIALOGUE

Les mêmes personnes assistent à cette nouvelle séance, et trois dames en plus : F. et G., médiums voyantes, et H., médium auditive.

B. Je dois commencer, Mesdames, par vous dire, non pas comment on procède ordinairement, vous le savez, mais comment j'ai procédé moi-même bien des fois et comment je désire que nous fassions ici, si vous n'y voyez pas d'inconvénient.

La clairvoyance n'est démonstrative que pour la personne qui voit; les autres sont obligées de l a croire sur parole ou de ne pas croire. Il faut donc tâcher de contrôler les voyants les uns par les autres, et même par d'autres médiums.

J'ai eu jadis, dans un groupe d'une trentaine de personnes, plusieurs médiums voyants. Je les dispersais dans la salle, de façon à ce qu'ils ne pussent se communiquer leurs impressions. Pendant que les médiums écrivains recevaient des communications plus ou moins intéressantes, je faisais ma tournée, demandant à chaque voyant : *Que voyez-vous ?* Chacun me répondait aussi bas que possible pour ne pas être entendu des autres.

J'ai eu ainsi très souvent le même esprit vu et décrit par plusieurs voyants au même endroit de la salle. J'ai eu des esprits se communiquant par l'écriture ou par la table, décrits par les voyants avec les gestes et dispositions d'esprit qui se trouvaient exprimées dans la communication écrite.

Il est fort possible que nous n'ayons pas de ces choses dès notre premier essai, mais nous pouvons toujours essayer, si vous le voulez. Je vous propose donc ma méthode avec une petite modification.

Comme nous sommes peu nombreux et que chaque

voyant ne pourrait me répondre sans être entendu
des autres et, ainsi, les influencer, même inconsciemment, chacun de vous aura du papier et un crayon
pour écrire par ordre ce qu'il aura vu. Nous compare-
rons ensuite les résultats.

F. G. H. La méthode paraît bonne à suivre.

B. Alors, commençons.

F. Vous ne faites pas la prière d'ouverture de la
séance ? Nous la faisons dans nos groupes.

B. Vous faites bien si vous en sentez le besoin ;
mais la prière orale n'est pas de nécessité absolue.
La vraie prière ne consiste pas dans les paroles
émises, mais dans les pensées et dispositions d'esprit.
Or, nous sommes tous ici animés de bonnes inten-
tions, cela suffit. Chacun, au surplus, peut s'aider
comme il le juge à propos. Les Quakers et les
Camisards ne faisaient pas de prières ; ils se réunis-
saient, attendaient en silence et n'en obtenaient pas
moins des révélations remarquables.

A. Eh bien ! Commençons. Mais resterons-
nous à rien faire pendant que ces dames vont tra-
vailler ?

B. Vous n'y êtes pas obligés. Vous pouvez essayer
aussi, soit de voir, soit d'écrire, soit d'évoquer par la
table. On comparera ensuite les divers résultats
obtenus.

D. C'est cela. Moi qui ne suis pas voyante, je
voudrais bien entrer en communication par la table
avec une personne qui m'était chère.

B. Vous pouvez essayer ; mais je ne vous réponds
pas que l'esprit demandé vienne, ni qu'il vous donne

des preuves certaines de son identité. Cela peut arriver, cela peut ne pas arriver.

D. Essayons toujours.

B. Voulez-vous vous mettre à la table, M. A. Il vaut mieux, pour le contrôle, que le médium ne soit pas en même temps l'évocateur.

A. Un esprit vient. On lui demande son nom.

D. Ce n'est pas cela.

B. Vous vous êtes trompé, mon ami. Voulez-vous recommencer?

A. Il donne le même nom.

D. Ce n'est pas cela. Comment, Georges, ce n'est donc pas toi qui es là, ou tu ne sais pas ton nom?

F. C'est donc un homme que vous évoquez, Madame. C'est une femme que je vois à la table. Elle est derrière vous, ses mains sont au-dessus des vôtres, sa tête...

B. Chut! Que les deux voyantes écrivent ce qu'elles voient.

F. et *G.* font la même description de l'esprit. *D.* reconnaît sa grand'mère.

II. (médium auditif), ne voit rien, mais elle a entendu et écrit : *Ma fillette, c'est moi.*

B. Continuez ou, pour abréger, que C. écrive ce que veut dire l'esprit ici présent.

C. Ma chère enfant, il me tardait beaucoup de venir à toi pour t'encourager à persévérer dans la recherche que tu entreprends. Pense à moi comme je pense à toi. Adieu.

A. Il n'y a là rien de bien transcendant.

B. Naturellement. Les esprits étant ce qu'ils

sont, c'est-à-dire nos semblables, ne peuvent guère dire de choses qui dépassent notre intelligence. Le pourraient-ils, que, suivant toute vraisemblance, nous ne les comprendrions pas. L'essentiel pour nous est que, par leur intervention, leur idené soit établie et qu'ainsi la survivance de l'âme au corps soit démontrée. Mais n'interrompons pas, continuons notre séance.

A. Je ne serais pas fâché d'évoquer à mon tour.

B. Appelez par la pensée l'esprit que vous désirez avoir.

D. ...La table frappe. C'est moi qui suis le médium. Voulez-vous nous dire votre nom, mon ami?

A. La table répond : Amélie. Ce n'est pas cela.

G. Je vois près de M. A. l'esprit qui veut se communiquer. Ce n'est pas une femme.

B. Décrivez-le comme vous le voyez.

F. et *G*. voient un petit enfant d'environ un an. Il pleure comme s'il se sentait abandonné. Il semble être parent de A.

A. Je ne vois pas qui ça peut être. Je n'ai et ne connais pas d'enfant de ma famille qui soit mort.

H. J'entends. Il dit qu'il est votre frère.

A. Tiens, c'est vrai. J'ai eu un frère qui est mort à un an ; mais il y a bien longtemps de cela et j'étais loin de penser à lui. Voyons s'il donnera bien son nom.

D. La table donne Pierre.

C. C'est aussi ce que j'ai écrit avant la table.

H. Et moi ce que j'ai entendu.

F. Voilà ce qu'on peut appeler de vrais contrôles.

Mme D., je vois avec plaisir que vous allez avoir un bon groupe. Hein ? Vous qui vous moquiez des extra-lucides, du verre d'eau, du marc de café. Que dites-vous de cela ?

D. Je ne suis point têtue. Je dis que ça vaut la peine d'être examiné de près et sans parti pris.

B. Vous voyez, par ces deux dernières expériences, combien il est peu utile d'évoquer tel ou tel esprit en particulier. On n'obtient pas de meilleures preuves de leur réalité ; on perd beaucoup de temps à les faire dire et redire leur signalement ; bien souvent on se rebute de ne pas obtenir ce qu'on désire, et toujours on rebute les esprits quand on s'obstine à les commander, à leur imposer des conditions, de même qu'on s'aliène les vivants dans les mêmes cir-constances. Fort heureux si l'on n'attire pas à soi, par ces moyens, des esprits légers, farceurs, ou même méchants.

D. En revanche, on a des communications avec ses parents ou amis. Quant à moi, je suis toute joyeuse d'avoir eu ces quelques mots de ma grand'-mère, malgré leur banalité.

B. On obtient quelquefois de ces communications ; mais est-on toujours sûr de l'identité de ces esprits ? Et puis, que valent la plupart de ces communica-tions ? Bonjour, bonsoir, merci, je suis content de venir à vous, etc. ; toutes choses que le premier esprit venu peut dire. Ce n'est pas, notez-le bien, que je sois adversaire irréductible des évocations, quand on n'y met pas d'entêtement. Je me place à notre point de vue, au poin de vue de la recherche et de l'observation des faits, et je dis que de pareilles expériences, des communications si vides, éloignent du spiritisme beaucoup de personnes de bonne foi auxquelles on annonce des révélations d'Esprits Supérieurs, de Grands Initiés, de Maîtres de l'Inde, etc. ; et qui s'en vont convaincus que nous nous dupons nous-mêmes ou que nous cherchons à les duper.

F. Cependant, quand on a des contrôles comme ceux que nous avons eus.

B. On ne les a pas toujours. Si vous suivez les séances des groupes, vous conviendrez que, dans la plupart, on ne s'occupe même pas d'obtenir ces contrôles. Mais assez parlé. N'interrompons pas notre séance.

A. Si nous évoquions d'une façon générale, en acceptant l'esprit qui se présentera, quelqu'il soit.

B. Nous le pouvons. Il ne nous dira peut-être rien qui vaille. Il est possible et même probable qu'un esprit familier vienne de lui-même. J'ai seulement voulu vous mettre en garde contre un abus fréquent parmi les spirites qui consiste à ne vouloir que les esprits nominalement évoqués et à renvoyer tous les autres sans examen,

A. ... La table frappe. En voici un.

B. Bonsoir, cher ami. Connaissez-vous quelqu'un parmi nous ?

A. Oui.

B. Est-ce M. A. ?

A. Non.

B. Est-ce M. C. ?

A. Oui.

B. Voulez-vous nous dire votre nom, afin qu'il vous reconnaisse aussi.

A. Durand, Paul.

C. J'ai bien un ami de ce nom ; mais il habite Lyon, et il n'est pas mort. J'ai reçu une lettre de lui aujourd'hui même.

B. Il n'est pas nécessaire qu'il soit mort pour se communiquer. Il suffit qu'il soit apte à se dédoubler et qu'il pense fortement à vous.

A. Comment ? les vivants aussi se communiquent par les tables ? Alors, tout le spiritisme tombe. Vous venez de prononcer vous-même son arrêt de mort. Ce sont les savants qui ont raison. La cause des phénomènes dits spirites, c'est le psychisme extériorisé.

B. Tout beau ! Tout beau ! Ce fait n'infirme pas le spiritisme le moins du monde, au contraire, il donne une preuve encore plus démonstrative de sa réalité.

D. Permettez-moi de vous faire observer que vous êtes en contradiction avec vous-même. Vous m'avez dit, dans la précédente séance, que les phénomènes spirites prouvaient la survivance de l'âme au corps, que ce sont les âmes des morts qui se communiquent à nous par les tables.

B. Pardon, Madame. J'ai dit que ce sont les *esprits*, sans établir de distinction entre ceux qui animent des corps actuellement et ceux qui en sont séparés.

D. La question me paraît devenir très embrouillée.

B. Nous allons tâcher de la débrouiller. Suivez bien mon raisonnement. Les faits spirites prouvent, en premier lieu, que l'âme est indépendante du corps et lui est supérieure ; que, loin d'être un produit de l'organisme, comme le prétendent les matérialistes, c'est le corps qui est son produit ; c'est elle qui l'anime, le développe, le meut, et... le quitte à la fin de son évolution. *Mens agitat molem.*

D. Cela me paraît exact.

B. Bon. Suivez toujours. L'âme étant indépendante du corps, peut lui survivre. Les faits spirites prouvent qu'elle lui survit, en effet, nous en avons eu plusieurs exemples.

D. Je ne conteste pas ces exemples, quoiqu'ils me confondent.

B. Ils ne devraient pas vous confondre : si l'âme d'un vivant peut mouvoir son corps, pourquoi, séparée de ce corps, ne pourrait-elle plus en mouvoir d'autres ? N'ayant plus son corps à animer et à mouvoir, elle doit être d'autant plus à l'aise et d'autant plus forte pour mouvoir les autres corps.

D. Tout cela ne m'explique pas comment l'âme d'un vivant, occupée précisément à animer son corps peut venir mouvoir une table, surtout à cent lieues de distance.

B. La distance n'est rien pour l'esprit. Si l'âme des vivants ne se manifestait jamais par les tables, le spiritisme (la survivance de l'âme) ne serait donc pas infirmé. Si l'âme des vivants se manifeste, l'est-il ? Encore moins. Il est plus difficile à l'âme incarnée, de mouvoir un corps étranger à distance, qu'à l'âme désincarnée. Ce phénomène est plus admirable et aussi plus rare ; mais il concourt à la même dé-

monstration : la suprématie de l'esprit sur la matière.

Pour que l'âme d'un vivant se communique par
une table, il suffit qu'elle s'extériorise, comme elle le
fait dans le sommeil, dans le somnambulisme et
même, pour certaines personnes qui jouissent de la
faculté de se dédoubler, pendant l'état de veille, de
demi-sommeil, de rêverie,

A. Précisément, c'est ce que les savants appellent
l'extériorisation du psychisme.

B. Je vous l'ai déjà dit, si les savants considèrent
la force psychique comme aveugle, leur théorie n'a
aucune valeur ; s'ils la considèrent comme intelligente, ils tombent dans le spiritisme.

D. Avec tout cela, on ne sait plus à qui l'on a
affaire.

B. On le sait par le contrôle. Le point capital n'est
pas de savoir si l'esprit qui se communique est mort
ou vivant, puisque l'esprit ne meurt pas. Le but du
spiritisme n'est pas d'établir un service télégraphique
régulier entre ce monde et l'autre, ni de remplacer
les postes et télégraphes entre les vivants ; son
but est de prouver la suprématie de l'âme par tous
les moyens à sa disposition.

D. Je comprends maintenant. Les communications
des âmes du morts prouvent la suprématie de l'âme
sur le corps. Les communications de vivant à vivant
la prouvent encore plus, puisqu'il est plus difficile
de faire les deux choses à la fois : animer son corps
et mouvoir une table à distance.

B. C'est cela même. Les communications de vivant

à vivant, étant plus difficiles, sont plus rares, sont exceptionnelles. Les communications de vivant à mort sont plus faciles, bien plus communes et prouvent, en outre, la survivance de l'âme.

C. C'est égal. Le phénomène me paraît un peu fort. Je vais télégraphier à Durand et lui demander ce qu'il faisait au moment où il est venu.

B. Suivant toute apparence, il dormait ou il était à demi absorbé par les affaires pour lesquelles il vous a écrit.

D. C'est bien possible. Avez-vous déjà eu de ces communications avec des vivants, M. B.

B. Elles sont rares, comme je vous l'ai dit et comme cela se comprend aisément. Cependant on en a quelquefois. Vous avez vu dernièrement dans les journaux qu'un fait de ce genre s'est produit à Grenoble. Ces communications sont beaucoup moins nettes que celles des âmes des morts ; elles sont ordinairement courtes et souvent incohérentes, ce qui se comprend aisément. J'ai même pu constater que ces vivants se croient quelquefois morts. Le premier phénomène de ce genre que j'ai obtenu, sans le chercher, m'a beaucoup surpris.

Un soir, vers 11 heures, dans une séance, se communique ainsi un ami que j'avais depuis longtemps perdu de vue et qui habitait Catane. Il me donne toutes ses *identités*. Je lui dis ensuite : Vous êtes donc mort ?— Oui, répondit-il avec une hésitation que j'ai prise pour un regret d'avoir quitté la terre. Peu de temps après je rencontre un de ses compatriotes, qui venait d'arriver à Paris. Sans lui

dire ma raison, je lui demande : Ne connaissez-vous
pas le Dr C. ?— Je comptais recevoir la réponse : « Je
l'ai connu, mais il est mort ». J'appris qu'il était
toujours vivant et se portait bien.

A. L'heure s'avance ; il est peut-être temps de
lever la séance.

F. Vous n'avez pas de médium à incarnation ?

A. Qu'est-ce que cette médiumnité ?

F. Elle consiste en ce que l'esprit s'empare de
l'organisme du médium et s'en sert pour parler et
agir comme de son vivant.

D. Cela me paraît encore plus fort que tout ce que
nous avons vu.

A. Peut-être trop fort pour être vrai.

B. Plus fort, mais non plus probant que les
autres phénomènes.

A. Vous y croyez donc ?

B. Bien entendu. Seulement l'incarnation ne vaut
qu'autant qu'elle est contrôlée par d'autres médiumnités, car il est difficile de savoir si le médium est
réellement en transe ou non.

F. Vous n'êtes pas partisan de cette médiumnité ?

B. Je n'en suis pas adversaire. Je trouve seulement
qu'elle ne prouve rien de plus, pas même autant
que les autres médiumnités ; qu'elle n'est pas sans
danger, car elle prédispose les médiums à l'obsession
s'ils ne sont pas bien dirigés ; qu'elle donne trop
d'occasion, dans les groupes, aux faux médiums, aux
vaniteux, aux hystériques de jouer la comédie, et,
par conséquent, de discréditer et de ridiculiser le spiritisme aux yeux des gens impartiaux.

F. J'ai pourtant vu des incarnations bien intéressantes : des esprits inconnus du médium, se manifestant par ses organes avec les manières, les gestes qui leur étaient familiers de leur vivant, répétant les mêmes formules.

B. Cette expérience était démonstrative pour vous qui aviez connu ces esprits de leur vivant ; mais toute l'assistance était obligée de s'en rapporter à votre témoignage, ce qui n'est pas suffisant aux yeux de la science.

Notez bien, Madame, que je n'ai aucune peine à vous croire, car moi, aussi, j'ai vu des incarnations bien instructives, mais, par contre, j'en ai vu un plus grand nombre parfaitement ridicules.

Néanmoins, je ne condamne pas ces expériences : on doit étudier un problème sous toutes ses faces ; je ne les condamne qu'autant que les assistants sont trop bornés pour les bien apprécier et que les chefs de groupe sont trop ignorants pour les bien diriger, tant au point de vue du médium que du public.

Enfin, je reproche encore à ce moyen que les assistants restent inactifs pendant que l'esprit pérore souvent très longuement et à vide ; les séances de ce genre sont souvent ennuyeuses ; on devient distrait, on cause tout bas, on trouble l'assemblée, on attire ainsi des esprits légers, et rien ne va plus.

D. Dans les groupes ordinaires, il est possible que cela arrive ; mais entre nous ? Il est bon de voir un peu de tout. Ne pourrions-nous pas essayer ?

B. Je n'y vois pas grand inconvénient. La question est d'avoir un médium. Mais nous avons peut-être assez expérimenté pour aujourd'hui. La prochaine fois, nous demanderons par la table s'il y a parmi nous un médium à incarnation et nous essaierons.

F. Peut-être pourrai-je amener une de mes amies qui possède cette médiumnité.

B. Ce serait plus sûr, car nous risquons de perdre beaucoup de temps avec un médium non formé.

C. Il faut donc que les médiums de ce genre soient dressés ? Alors, je leur retire ma confiance.

B. J'ai dit *formé* et non *dressé.* Cette faculté, comme les autres d'ailleurs, n'existe souvent qu'en germe chez le sujet, et elle se développe spontanément par l'exercice ; mais elle ne peut être créée de toutes pièces par le dressage.

C. C'est égal, un médium neuf me paraît préférable. Je crains toujours la « ficelle. »

B. Nous y veillerons. Au revoir.

SIXIÈME DIALOGUE

F. Je suis désolée. Mme J., le médium à incarnation que j'espérais amener, a été empêchée au dernier moment, sa mère étant tombée malade, et je n'ai pas eu le temps d'en chercher une autre. Mais soyez tranquilles, la prochaine fois j'en engagerai deux, pour être plus sûre d'en avoir au moins une.

D. Ah ! Quel dommage ! Qu'allons-nous faire ?

F. On pourrait essayer si quelqu'un parmi nous

est médium à incarnation, le demander par la table.

D. Ma foi, ce n'est guère la peine. Puisque cette médiumnité présente plus de danger que les autres et qu'elle ne prouve rien de plus, autant s'en abstenir. Quant à moi, si j'étais médium à incarnation, je ne voudrais pas me prêter à ce genre d'expériences.

A. et *C*. Ni moi, ni moi non plus.

F. Puisque M. C. est médium écrivain mécanique, ne pourrions avoir une communication d'un Esprit Supérieur ?

B. Cela dépend des esprits plus que de nous.

F. Nous en obtenons souvent dans notre groupe : Voltaire, Lamennais, saint Louis, saint Vincent de Paul, le curé d'Ars.

B. J'ai vu aussi beaucoup de médiums signer de ces noms et même de plus grands : saint Paul, Jésus, Confucius ; j'ai même vu certains de ces médiums écrire des choses qui dépassaient certainement le niveau de leurs propres connaissances, preuve que ces idées ne venaient pas d'eux-mêmes ; mais je n'en ai jamais vu donner des « révélations », c'est-à-dire des enseignements qui ne se trouvent pas déjà dans nos livres.

Par contre, j'ai vu bien des platitudes et même des erreurs attribuées par les médiums, consciemment ou inconsciemment, à ces grands esprits et j'ai pu constater souvent que de pareilles communications discréditaient le spiritisme et en éloignaient beaucoup de gens, les uns disposés à le trouver ridicule, les autres bien intentionnés, mais n'ayant pas la patience ou la sagacité nécessaires pour séparer l'ivraie du bon grain.

A. Je ne vois même pas comment ni pourquoi les esprits supérieurs pourraient nous enseigner des choses transcendantes, ni à quoi cela servirait. Les esprits supérieurs ont pu dire ce qu'ils savaient de leur vivant. S'ils ont appris d'autres choses dans l'eau-delà, nous ne sommes peut-être pas aptes à les comprendre, ni eux à nous les formuler.

C. Ils iraient d'ailleurs contre notre intérêt spirituel : en nous enseignant ce que nous devons apprendre par nos propres efforts, ils nous dispenseraient ainsi de penser, de chercher, de réfléchir, de délibérer, de vouloir, toutes nos facultés intellectuelles s'atrophieraient faute d'exercice, et, d'ailleurs, nous deviendraient inutiles.

F. Vous n'avez pas vu, Monsieur, les révélations que nous ont faites les *Grands Prêtres de l'Inde antique.*

A. Et les Mahatmas de l'Himalaya ! Inventions des occultistes et des bouddhistes. Les spirites devraient se tenir en garde contre ces farceurs.

F. Et Allan Kardec, n'a-t-il pas obtenu toute la doctrine par la table ou l'écriture ?

C. C'est possible ; mais ses livres ne contiennent rien qui dépasse la portée de la raison humaine et qui ne fût d'avance connu et imprimé. Avant Kardec, il y a eu nombre de théologiens, de théosophes et même de philosophes qui ont dit les mêmes choses. Les révélations de Kardec n'innovent rien ; elles sont une confirmation, et voilà tout.

F. Que pensez-vous de cela, M.B.

B. In medio veritas. Les esprits supérieurs interviennent quelquefois, mais c'est rare, et seulement dans les grands événements de la vie privée ou publique. Et leur intervention a lieu quand ils veulent et non quand nous voulons ; et elle a ordinairement lieu par intuitions ou inspirations données à des médiums de choix capables de les recevoir et de les élaborer. A mon avis, on ne peut donc pas nier l'intervention d'esprits supérieurs, mais il ne faut guère l'espérer par nos évocations et, surtout, il faut nous tenir en garde contre les faux esprits supérieurs. Il faut juger des communications écrites par le contenu et non par la signature.

F. Puisque nous ne voulons pas des incarnations, ne pourrions-nous essayer d'obtenir des apports ou des matérialisations ?

D. Qu'en pensez-vous, M. B.

B. Ici encore il faut des médiums, et ils sont très rares, et même il faut attendre longtemps avant de rien obtenir. Enfin, il est facile de se tromper et d'être trompés.

C. Vous croyez donc tout de même à ces phénomènes ?

B. Pourquoi pas ? ils n'ont rien de déraisonnable, et des faits bien établis viennent à l'appui de la raison.

C. Je ne sais trop. Ces faits sont très discutés. Beaucoup, sinon tous, ont été reconnus faux, les médiums ont été pris en flagrant délit de fraude.

B. C'est vrai, et c'est pourquoi je n'en suis guère partisan. Mais l'imitation suppose le modèle. Les apports et les matérialisations ont eu lieu d'abord spontanément, sans qu'on les cherche, sans qu'on s'y attende ; ce n'est qu'ensuite que l'on a cherché à les provoquer et, à défaut, à les simuler. On peut donc ne pas y croire si l'on n'en a pas vu, mais on doit convenir que ces faits méritent d'être cherchés et examinés.

C. Connaissez-vous quelque exemple bien prouvé de la réalité de ces faits ?

B. Il n'en manque pas. La plupart des apparitions des spectres et fantômes sont des matérialisations.

C. Ou des hallucinations.

B. Aussi ai-je dit seulement *la plupart*. Vous ne me soutiendrez pas qu'une erreur de votre vue puisse lancer des pierres, casser la vaisselle, les meubles, opérer tout ce qui se passe dans une foule de cas bien constatés de maisons hantées ? Quant aux apports, sans remonter dans l'histoire, on en a obtenu de spontanés de nos jours, avant d'en obtenir par évocation. J'en ai cité quelques exemples dans une brochure récente (1).

D. Avez-vous personnellement fait des expériences de ce genre et obtenu des résultats sérieux ?

B. J'ai fait de ces essais à diverses reprises, mais je n'ai rien obtenu d'extraordinaire. Jamais d'apports ;

(1) *Le spiritisme avant le nom*, p. 13 et suiv.

quelquefois des phosphorescences ; une fois même, en plein jour, une lumière qui a traversé toute la salle de réunion ; mais pas de matérialisations proprement dites. Il y a longtemps que je ne cherche plus ces phénomènes. J'ai même refusé plusieurs invitations à des séances de ce genre.

D. Vous avez tort. Cela n'est pas digne d'un philosophe, qui doit tout examiner.

B. Tout ce qu'il peut, et autant qu'il le croit utile, mais pas davantage. J'ai observé et expérimenté de bien des façons, depuis une trentaine d'années. J'ai vu et examiné attentivement beaucoup de choses, plus qu'il n'en a fallu pour me convaincre. Il n'y a donc plus d'utilité à ce que je perde du temps à chercher davantage.

D. Ce ne serait pas du temps perdu. Ce que vous découvririez servirait à l'instruction des autres.

B. Cela n'est ni probable, ni désirable. Je n'ai point la prétention d'être meilleur observateur qu'un autre, ni la présomption que mon témoignage fasse « autorité ». Je n'ai cru au témoignage des autres qu'autant que ma raison m'y obligeait ; je ne demande pas que d'autres croient au mien. J'ajoute que ce n'est pas désirable, et que chacun doit, autant que possible, se faire, sur l'âme, sa nature et sa destinée, son opinion personnelle. Je veux bien vous accorder que le temps que j'emploierais à ces recherches ne serait peut-être pas complètement perdu, il vaut mieux faire cela que rien. Mais les occupations plus fructueuses ne me manquent pas.

D. Voir arriver des objets d'on ne sait où ; voir se

former des fantômes, les toucher, leur parler, ce doit pourtant être bien curieux.

B. Curieux, tant que vous voudrez, mais pas si instructif que les phénomènes que nous avons obtenus par des moyens bien simples et sans aucun appareil, sans aucun de ces préparatifs qui donnent toujours aux expériences spirites un certain air charlatanesque. A parler franchement, ces expériences me paraissent plus nuisibles qu'utiles à la cause ; elles sont trop sujettes à contestation, à tricherie et à fraude pour être convaincantes.

A. En effet, d'après les descriptions que j'ai lues de ces expériences : obscurité, rideau, cabinet particulier, aide pour le médium, elles ne m'inspirent pas grande confiance et me semblent plus propres à frapper les imaginations faibles et même à les troubler, à les tromper, qu'à les éclairer.

D. De ce que l'erreur et la fraude sont possibles, il ne s'ensuit pas qu'on doive rejeter, encore moins nier ces phénomènes. Il est toujours bon de s'assurer s'ils sont réels, en prenant toutes les précautions possibles pour n'être pas dupés par les médiums.

B. Aussi ne veux-je point les nier ni détourner les autres de leur étude. Si je m'en abstiens, c'est simplement parce que j'ai d'autres choses à faire que je considère comme non moins intéressantes et comme plus utiles à tous égards.

A. Pourquoi donc les spirites tiennent-ils tant à obtenir et à montrer ces sortes de phénomènes, qu'ils nomment *transcendantaux ?* Dans les Revues de spiritisme que j'ai parcourues, j'ai vu une foule de

5

longues et passionnées discussions sur ces faits ; ils y
tiennent la première et la plus grande place ; on paraît y attacher une importance capitale, les considérer
comme la preuve suprême, comme l'*experimentum
crucis.*

B. Ces interminables discussions même prouvent
que les phénomènes de ce genre sont fort contesta-
bles. C'est pourquoi j'estime qu'il faut les prendre
quand ils se présentent, mais qu'il n'y a pas lieu de
se donner tant de peine pour les provoquer et les
contrôler, comme s'il n'y en avait pas d'autres à la
fois plus simples et plus démonstratifs.

C. Ne pourrait-on pas obtenir des apports et des
matérialisations au grand jour ou en pleine lumière ?
Cela abrégerait singulièrement les discussions.

B. On les obtient quelquefois, mais c'est très rare
et il faut convenir que les vibrations lumineuses sont
défavorables à ces expériences. Les esprits le disent
et la raison le conçoit.

D. Tout cela est très intéressant, mais, nous aussi,
nous perdons notre temps, ou du moins nous l'em-
ployons à causer au lieu d'expérimenter. Faute de
médiums à incarnation, à apports, à matérialisations,
utilisons ceux que nous avons. Je propose de chercher à obtenir des effets physiques, puisque, dit-on,
je suis apte à ce genre de phénomènes.

A. C'est cela. Essayons des effets physiques.

C. F. G. H. Oui, oui, oui, oui.

B. Je vous y prends. Même vous, des intellectuels,
vous enthousiasmez pour ces phénomènes. A plus
forte raison le commun des hommes.

D. N'ont-ils pas leur raison d'être et leur force démonstrative.

B. Sans doute, mais ils ont aussi le défaut d'être faciles à confondre, par le gros public, avec la physique amusante ; d'être attribués par les gens superstitieux à des forces occultes dont l'existence n'est nullement prouvée. Néanmoins, si je vous montre leur côté faible, je ne vous les interdis pas. Essayons donc. Demandons, par la table, si nous pouvons en obtenir et. sinon, ce que nous devons faire aujourd'hui.

A. Oui. La table dit : Phénomènes physiques.

H. C'est aussi ce que j'entends.

B. Très bien. Au lieu de cette table, si nous prenons un petit guéridon, pourrait-il se mouvoir seul sans le contact des mains ?

H. On me dit : Oui, après un moment d'imposition des mains, vous les retirerez au signal donné.

B. Alors, prenons un guéridon. — Faut-il faire la chaîne ?

C. Je croyais que ce n'était pas nécessaire.

B. Pour la typtologie, par les raisons que je vous ai dites ; mais, pour d'autres expériences, la chaîne peut être utile, c'est à « l'esprit » de décider. — Faut-il faire la chaîne.

A. Non, pas pour le moment. Au signal.

B. Mettons-nous autour du guéridon et attendons en silence... Des craquements et bruits divers se font entendre. On imite le bruit de la scie dans la table.

C. C'est vrai. Pourquoi pas aussi le rabot ?

A. Voilà. Personne ne touche pourtant le guéridon.

B. Tant que vous êtes en train, pouvez-vous donner le bruit du marteau sur l'enclume ?

A. Le voilà !

B. C. D. F. G. H. Bien, bien, bien ! Assez, assez, assez !

D. Ça, c'est trop fort ! Du bruit de bois dans le bois, passe ; mais un pareil tintamarre !...

C. Voyez donc, sur la table que nous avons mise de côté. Le crayon se dresse ; il écrit tout seul. Voyons ce qu'il a écrit : « Formez la chaîne en vous tenant par les mains ».

D. La chaîne est formée. Voilà le guéridon qui s'élève tout seul, il descend, il remonte, il redescend. On dirait qu'il s'essaie, qu'il veut prendre son élan. En effet, le voilà parti. Il passe par-dessus la tête de Mme G. Il se renverse et se pose sur la table.

B. Vous voyez que personne n'a rompu la chaîne pour le transporter. Restons ainsi. Faut-il demander qu'il revienne prendre sa place au milieu de nous ?

D. Non, demandez qu'il quitte la table et se repose à côté sur ses pieds.

B. C'est fait.

A. C. D. F. G. H. C'est merveilleux.

A. Le guéridon frappe, là-bas. Ecoutons.

G. Le crayon aussi écrit tout seul. Voyons ce qu'il dit.

— « La séance est terminée. Bonsoir, amis ! »

D. Il me vient une mauvaise pensée, M. B., mais je vais la dire tout de même, je vous prie seulement de m'excuser, car elle m'est venue involontairement et je n'y adhère pas.

B. Dites, Madame, dites. Toutes les pensées sont bonnes à examiner. Elles ne deviennent mauvaises que si, reconnues fausses, on y persiste en dépit des faits, du bon sens, de la raison.

D. Ma pensée est que les merveilleux phénomènes que nous venons de voir peuvent s'expliquer sans l'intervention des esprits, par l'extériorisation de nos fluides.

B. Cette pensée n'a rien de criminel.

D. Ce n'est pas tout. A la suite me venait l'idée que c'est pour cette raison que vous m'aviez paru opposé à cet ordre de phénomènes.

B. Votre pensée n'est pas mauvaise, mais elle est fausse. Le doute engendre le soupçon. Pour chaque genre d'expériences je dois vous indiquer le pour et le contre. Je vous ai dit ma vraie raison pour celle-ci : elles font sur les ignorants la même impression qu'une séance de prestidigitation.

J'ajouterai, pour vous répondre, que les esprits et les fluides des vivants ne sont pas capables de produire ces phénomènes. Comme je vous l'ai déjà dit, c'est avec beaucoup d'hésitation, qui dénote l'effort, qu'ils soulèvent une simple table ; leurs dictées sont lentes, bien moins nettes que celles des désincarnés, et ils sont vite lassés.

Les esprits des morts, au contraire, n'ayant plus que leur périsprit, jouissent de toute leur force ; il est possible, il est même probable qu'ils peuvent s'unir, se concerter pour faire ce que nous venons de voir. Quand même on n'en aurait pas de preuves, il serait donc plus rationnel d'attribuer ces phénomènes à l'intervention des morts qu'à celle des vivants.

D. Je m'avoue vaincue et vous prie de ne pas prendre ma franchise en mauvaise part. Je ne cherche qu'à m'éclairer, et il me semble que je commence à voir quelques lueurs.

B. Montrez-les nous donc, vous serez bien aimable.

A. Nous verrons si elles concordent avec les miennes.

D. Ma première lueur, c'est que l'âme est indépendante du corps et lui est supérieure, puisqu'elle agit en dehors de lui, et non le contraire. Aussi, monsieur le matérialiste, vous êtes vaincu, si je ne me trompe.

A. Je m'avoue vaincu sur ce point. Continuez.

D. Nos expériences prouvent aussi que notre âme survit à notre corps ; donc, elle est immortelle, mon sieur le ci-devant matérialiste.

A. N'allez pas si vite dans vos conclusions, madame la spiritualiste. Notre âme survit, c'est un fait, je l'accepte ; mais je fais mes réserves sur votre conclusion : Est-elle immortelle ? C'est une autre affaire ; ce n'est pas prouvé.

De bons observateurs et de bons raisonneurs, d'Assier, par exemple, soutiennent que cette survivance n'est que temporaire et qu'au bout d'un temps plus ou moins long l'âme se désagrège à son tour.

D. C'est bien possible, en effet. Est-ce vrai, M. B. ? L'âme n'a-t-elle qu'une immortalité temporaire ?

B. Il est vrai que d'Assier et d'autres le disent, mais ils ne le prouvent pas ; ils le supposent simplement. Ils ne nous apprennent pas combien de temps

elle survit ainsi, ni pourquoi elle finit par se dis-
soudre, ni pourquoi elle s'évanouit à tel ou tel moment.

A. Et vous non plus n'expliquez pas scientifiquement l'immortalité.

B. Il est certain que la preuve expérimentale nous
manquera toujours ainsi qu'à vous, car elle implique
contradiction. Que l'âme survive un mois, un an,
100 ans, 10.000 ans et que, par un moyen quelconque, nous en puissions avoir la preuve expérimentale, nous ne serons pas plus avancés ; il nous
restera à savoir si elle ne s'éteint pas la 10.001ᵉ
année ou jamais.

A. Votre raison est juste; le temporel ne peut me-
surer l'éternel. Il est de fait que mon ami X. du
voyage en Algérie, est mort depuis bien des années.
Et encore plus mon petit frère Pierre, que j'ai à peine
connu. Si Pierre, qui n'a vécu qu'un an en ce
monde, a survécu plus de 40 ans dans l'autre, pourquoi ne survivrait-il pas indéfiniment ?

D. Et ma grand'mère. J'étais toute petite quand
elle mourut ; à peine me souviendrais-je d'elle, si
l'on ne m'avait tant parlé de son affection pour
moi.

B. L'impossibilité de démontrer scientifiquement,
c'est-à-dire par des faits, l'immortalité de l'âme ne
prouve donc rien. La question ne peut être résolue
que par le raisonnement. Or, il y a beaucoup plus
de raisons en faveur de l'immortalité de l'âme, ou
plutôt de sa survivance indéfinie, que de sa morta-
lité avec ou après le corps.

A. J'incline à le croire, mais je vous serais très obligé de m'indiquer ces raisons.

B. Je vais commencer par les vôtres, c'est-à-dire par celles des savants. *Rien ne se perd, tout se transforme.* Si la force et la matière ne se perdent pas, pourquoi l'esprit, qui dirige l'une et l'autre, se perdrait-il? Si l'âme anime le corps, il n'y a pas de raison pour qu'elle soit anéantie s'il ne l'est pas, au contraire. Elle doit plutôt se transformer après la séparation, sur son plan d'existence, comme fait le corps sur le sien.

La matière ne change pas dans son essence, mais seulement dans ses formes, ses attributs. Il doit en être de même pour l'esprit. Or, quelle est l'essence de l'esprit? Nous savons qu'il n'est pas simple, comme le croyaient les anciens spiritualistes et comme le croient encore les catholiques. L'esprit lui-même est stable et doit être indéfiniment durable. Le périsprit, le corps de l'âme, sa partie passive et changeante, se renouvelle, se transforme incessamment, dans l'autre vie, comme le corps matériel dans celle-ci. La sensibilité, l'activité, l'intelligence, la volonté, qui forment la substance même de l'esprit, doivent persister indéfiniment.

A. Ces raisons me paraissent assez justes. On ne peut refuser à l'esprit l'éternité que l'on accorde à la matière et à la force.

D. Ah! Tant mieux! Vous me soulagez. Je craignais fort que l'immortalité ne succombât dans votre lutte, ce qui serait grand dommage pour la justice et la morale.

B. Pas si grand que vous le croyez, madame l'uti-
litariste. La survivance temporaire entraîne les
mêmes conséquences que l'immortalité. Cette survie
plus ou moins éphémère doit logiquement être en
rapport avec la vie présente, donc, heureuse ou
malheureuse suivant qu'on a mérité ou démérité,
que l'on s'est bien ou mal conduit.

D. Que la survivance soit temporaire ou éternelle,
je me demande ce que devient l'âme après la mort,
ce qu'elle fait. Elle n'a plus le paradis, l'enfer, ni
même le purgatoire pour logis. Quelques âmes en-
trent en rapports avec nous ; mais c'est peu de chose
pour un si grand nombre d'esprits. Nous ne ferions
qu'évoquer, nous ne suffirions pas pour que toutes les
générations y passent seulement une fois par siècle.

Que font donc les âmes dans l'au-delà ? Restent-
elles oisives ? Reviennent-elles, sur terre ou sur
d'autres planètes, animer de nouveaux corps ? Se
réincarnent-elles dans les hommes ou même, pytha-
goriquement, dans les animaux ? Croyez-vous à la
réincarnation ? Je ne vois à ce problème aucune solution expérimentale ni même rationnelle.

B. Cherchons, Madame. Interrogeons d'abord la
raison. Pourquoi pas la réincarnation aussi bien que
l'incarnation ? S'il est vrai que l'âme anime le corps
une fois, comme il est prouvé par les faits, pourquoi n'en animerait-elle pas un second, un troisième
indéfiniment.

A. Le raisonnement est logique ; malheureuse-
ment, l'expérience ne le confirme pas, il semble
même qu'elle le détruit.

.:.

Vous n'ignorez pas que les spirites sont divisés en deux camps ; réincarnationnistes ou pluralistes et *unicistes*, latins et anglo-saxons, ceux-ci niant la pluralité des vies, ceux-là l'affirmant, les uns et les autres se fondant sur les « révélations » de leurs esprits.

Les adversaires se basent même sur cette divergence d'opinion, dans une affaire de si grande importance, pour rejeter toute la doctrine spirite.

B. Cette objection est très sérieuse et a embarrassé plus d'un philosophe spirite. Il n'est pourtant pas difficile d'y répondre :

1° Les esprits peuvent conserver plus ou moins leurs opinions terrestres et se tromper. Leur témoignage n'a donc pas grande valeur.

2° Ils peuvent agir sur nous, nous inspirer, influer même sur nos corps, nous obséder, mais, par la même raison, nous pouvons agir sur eux, les suggestionner, leur faire épouser nos propres idées.

3° Ils peuvent accepter l'une ou l'autre des idées en question par complaisance pour nous (mensonge officieux), pour ne pas nous contrarier à propos d'une chose ne tirant pas à conséquence ; pour se moquer de nous et de notre vaine curiosité (mensonge joyeux), ou même pour nous tromper (mensonge pernicieux).

Nous ne devons donc pas nous en rapporter à l'attestation des esprits, mais la peser à la balance de notre raison.

F. On a des preuves positives de la réincarnation. Beaucoup d'esprits se sont réincarnés. J'en ai souvent entendu parler. Je connais même une dame dont un enfant mort s'est réincarné dans son second enfant. Il a les mêmes traits, le même caractère, les mêmes manières que le premier.

C. La science explique ces faits par l'hérédité.

B. L'hérédité n'a pas grande valeur à mes yeux, mais elle en a aux yeux des savants. Nous ne pouvons donc pas invoquer ces faits de réincarnation pour les convaincre.

D. Avez-vous constaté aussi de ces réincarnations?

B. J'en ai entendu beaucoup parler, mais je n'ai pu contrôler aucun cas précis. Je ne considère pas moins ces faits comme très dignes d'être étudiés.

D. En attendant, nous en sommes réduits aux preuves de raison.

B. Ces preuves ne sont point à dédaigner. Que serait-ce qu'une seule vie, si courte, si mal employée ? Quel but, quel sens aurait-elle ? Vaudrait-elle la peine d'être vécue, s'il ne devait y avoir rien après ?

C. Le fait est que, s'il y a un Dieu, il nous donnerait ainsi une bien pauvre idée de sa puissance et de sa sagesse. La réincarnation me paraît donc plus probable que l'opinion contraire, et puis, hypothèse pour hypothèse, il faut choisir la plus optimiste surtout quand elle est la plus vraisemblable.

D. Mais, j'y songe. Si nous devons renaître, n'avons-nous pas déjà vécu ? La réincarnation et la préexistence ne sont-elles pas corrélatives ?

B. Naturellement. C'est même là la solution la plus rationnelle (la seule à mon avis), des problèm que soulèvent les inégalités naturelles entre les hommes.

A. En effet, j'ai vu dans la *Vie Nouvelle*, un article de vous sur le problème de l'inégalité (1), je me proposais de vous en faire mon compliment, car j'en ai été très satisfait.

D. Seulement je vois une forte objection à l'hypothèse de la préexistence. Nous ne nous souvenons pas de nos vies antérieures. Du moment que nous les oublions, c'est, pratiquement, comme si elles n'existaient pas.

B. Nous nous en souvenons plus que vous ne croyez. Nos aptitudes naturelles, antérieures à l'éducation, nos inclinations, nos vocations, nos sympathies, nos antipathies, etc., sont autant d'obscurs souvenirs des résultats de nos vies antérieures. Vous me ferez le plaisir, Madame, d'accepter un exemplaire de mon étude dans la *Vie Nouvelle* sur *l'Inspiration*. J'ose croire que vous y trouverez des arguments en faveur de la préexistence.

C. Pour ce qui est de l'oubli, je te ferai lire quelques passages de Pierre Leroux, dans lesquels ce grand penseur traite admirablement cette question et montre que le souvenir n'est pas désirable et nous serait plus gênant qu'utile.

F. Vous voyez, madame D., que nous ne nous ennuyons pas chez vous. Nous sommes restés plus longtemps que l'autre fois. Ces questions sont intéressantes à méditer !

(1) V. *La Vie Nouvelle*, du 31 mars 1907.

B. Nous ne faisons que les effleurer, mais c'est toujours autant de pris sur l'ennemi.

D. J'espère que la prochaine séance ne sera pas moins instructive, et que nous aurons notre médium à incarnation.

F. Celui-là ou un autre, certainement, car j'en engagerai deux pour être plus sûre de n'en pas manquer.

B. Vous ferez désormais vos séances sans moi, car je vais partir en voyage.

D. Vous partez? Comment faire? Nous vous écrirons pour vous rendre compte de nos séances, et vous nous donnerez les conseils nécessaires pour continuer?

B. Ce sera un grand plaisir pour moi, Madame.

D. Si vous vouliez mettre le comble à votre complaisance : résumer par écrit pour notre usage la méthode à suivre pour bien organiser nos réunions ?

B. Très volontiers, Madame ; j'y mettrai même le *surcomble* en ajoutant un résumé de la théorie spirite qui découle des expériences, comme vous l'avez vu. Au revoir.

D. Bon voyage, et prompt retour.

RÉSUMÉ ET CONCLUSION

I. — *La Quintessence de la pratique spirite.*

Le spiritualisme proprement dit ne cherche à démontrer l'existence de l'âme, son autonomie, sa survivance au corps, que par des preuves ou arguments d'ordre rationnel.

Le spiritisme y joint les preuves de fait, tirées de l'observation et de l'expérience. C'est ce qui le caractérise et le distingue du spiritualisme.

Le spiritisme comprend donc deux parties : 1° Les faits ; 2° La théorie.

Les expériences spirites se font par le moyen de personnes douées de diverses facultés spéciales dites *médiumnités*.

Il y a plusieurs sortes de médiums : typtologues, écrivains, voyants, auditifs, etc.

Tous les moyens sont bons pour étudier les phénomènes spirites ; autant que possible il faut recourir à plusieurs à la fois, afin de contrôler les uns par les autres.

La typtologie par la table est le moyen en quelque sorte fondamental. C'est le meilleur, en ce sens qu'il est le plus à portée de tous, tant des esprits que des vivants, et celui qui est le moins sujet à caution quand on n'a pas d'autres moyens de contrôle.

L'écriture intuitive ou même mécanique, la voyance, l'audition, ne peuvent fournir à elles seules une preuve *scientifique ;* elles ne sont convaincantes que pour les médiums eux-mêmes qui possèdent ces facultés, ou quand elles sont contrôlées les unes par les autres.

La médiumnité dite *incarnation* est ordinairement dans le même cas que les précédentes.

Les apports et les matérialisations sont difficiles à obtenir et à contrôler, surtout quand les expériences se font dans l'obscurité. Les médiums aptes à obtenir ces phénomènes sont aussi rares que les fraudeurs sont communs.

Même obtenus dans des conditions à l'abri de tout soupçon de fraude, les apports et les matérialisations ne prouvent pas mieux, ni même aussi bien que la typtologie, l'intervention des esprits dans la production des phénomènes.

On peut donc considérer la typtologie comme la base fondamentale de l'expérimentation spirite.

La méthode à suivre dans les expériences de table est donc d'importance primordiale. Voici celle qui nous paraît la plus rationnelle et la plus sanctionnée par une longue expérience des diverses méthodes.

Il est inutile, et même souvent nuisible, dans les expériences typtologiques, d'être nombreux à la table, d'y faire « la chaîne », d'y alterner les sexes. Tous ces préceptes surannés reposent sur des hypothèses physiques ou fluidiques infirmées par l'expérience.

Le médium et l'évocateur sont nécessaires et suffisants pour obtenir des phénomènes typtologiques. Les autres assistants doivent se tenir à l'écart.

La prière *orale* n'est pas nécessaire pour procéder aux expériences spirites, quelles qu'elles soient. Mais il est essentiel de se recueillir et, comme en toute chose, de ne s'occuper que de l'opération en cause, de se maintenir dans les dispositions d'esprit et de cœur requises pour la bonne marche et le bon succès des expériences.

Il va sans dire que la prière orale est nécessaire, utile pour les personnes qui ne savent pas user de la prière *mentale*, c'est-à-dire pour les simples, qui ne peuvent concentrer leur attention qu'autant qu'ils y sont aidés par des signes sensibles.

On peut évoquer nominativement tel ou tel esprit qu'on a connu, parent ou ami ; mais, s'il ne se présente pas, il ne faut pas s'obstiner à le faire venir. On risquerait ainsi de perdre beaucoup de temps, de ne rien obtenir et même d'attirer de mauvais esprits. Il faut donc accepter les esprits qui se présentent, les bien accueillir, sans bassesse, sans flagorneries, les écouter avec calme et patience. Dans ces conditions, il est rare qu'on n'en tire pas quelque chose de bon, au moment où l'on s'y attend le moins.

Le mieux serait par conséquent de n'évoquer les esprits qu'en général, d'accepter ceux qui se présentent. Ceux que nous désirons viendront assez d'eux-mêmes, s'ils le veulent et le peuvent.

Il ne faut pas commencer, comme on le fait d'ordinaire, par demander à l'esprit ce qu'on est convenu d'appeler ses *identités*, noms, âge, etc. C'est inutile si on ne lo connaît pas ; c'est une grande perte de temps si un autre esprit se présente au lieu de celui qu'on évoque.

Voici comment il faut interroger quand un esprit s'est annoncé par les moyens ordinaires, coups frappés.

—Connaissez-vous quelqu'un ici présent ? — Si l'esprit répond affirmativement : — Est-ce un tel ? un tel ? jusqu'à ce qu'on arrive à la personne connue.

Demandez alors à « l'esprit » les preuves d'identité

de la personne qu'il prétend connaître. S'il la connaît réellement et en est connu, on peut lui demander ses propres *identités*. Ensuite on lui demandera ce qu'il veut, s'il a quelque chose à dire et on le laissera s'expliquer sans le contrarier, avec calme et patience, car, souvent, des communications qui paraissent, au premier abord, insignifiantes et même extravagantes, présentent un grand intérêt quand elles sont bien examinées (1).

Si l'esprit qui s'est présenté ne connaît personne, c'est temps perdu que de commencer par lui demander ses identités, puisque personne non plus ne le connaît. Il ne faut pas pour cela le renvoyer. Laissez-le s'expliquer, comme pour le précédent, prenez note de ce qu'il dit ; si sa communication vous paraît intéressante, en terminant, demandez-lui alors ses identités, et tâchez de vous assurer de leur exactitude (2).

Si c'est un esprit léger, grossier ou mauvais qui répond à votre appel, naturellement, il faut le ren-

---

(1) On a vu des esprits dicter à rebours des mots, des phrases, des périodes entières. Si l'esprit ne s'était pas expliqué ensuite ou si l'on n'avait pas eu l'idée de lire de droite à gauche, on n'y aurait rien compris.

(2) On a vu des esprits donner leurs noms, âge, profession, lieu de leur dernière résidence, etc. Renseignements demandés aux maires, sans dire pourquoi, on a pu constater que les données étaient exactes en tout ou en partie. Pourquoi *en partie* dans certains cas ? Parce que souvent on n'a pas la patience et le calme voulus. On se presse, on trouble l'esprit, on le suggestionne même. On se croit sa dupe et l'on s'est dupé soi-même.

voyer, au besoin suspendre et même ajourner la séance, si l'on ne peut s'en débarrasser. Dans l'intervalle, on se dira : qui se ressemble s'assemble, et l'on examinera s'il n'y a pas dans l'assistance quelqu'un qui attire les esprits de ce genre, afin de l'éliminer poliment.

Beaucoup d'esprits, conservant sans doute leurs préjugés catholiques, demandent des prières et paraissent bien contents qu'on leur en accorde. Il ne faut pas les contrarier en leur refusant, mais on évitera d'y perdre trop de temps et on leur rappellera que c'est bien plus par leurs propres efforts que par les secours des autres qu'ils amélioreront leur situation.

II. — *La quintessence de la théorie spirite.*

Pour tout le monde, même pour les adversaires de l'explication spirite, pourvu qu'ils soient sérieux, les phénomènes spirites prouvent l'autonomie de l'âme. Tous ceux, en effet, qui admettent comme cause de ces phénomènes l'extériorisation psychique, la transmission de pensée, admettent par là même que l'âme peut agir en dehors de sa sphère corporelle, indépendamment des organes matériels.

Ce point accordé, et l'on ne peut le refuser du moment qu'on admet la réalité des faits, les autres points de la théorie spirite s'ensuivraient rationnellement, quand même en n'aurait aucune expérience pouvant la confirmer.

Beaucoup d'auteurs, même se croyant spirites, ont

cru bien faire et aplanir la voie en admettant deux classes de phénomènes : les uns pouvant s'expliquer et s'expliquant en effet, d'après eux, par l'extériorisation de forces humaines inconnues, ou mal connues ; les autres ne pouvant recevoir d'autre explication que l'intervention des esprits. Les premiers relèveraient de la force psychique, de l'animisme, le nom importe peu ; les seconds seraient justiciables du spiritisme.

Si cette bissection était fondée en nature, le spiritisme ne serait pas une science, car la science consiste précisément à ramener tout un ordre de faits à un seul et même principe. Comme l'a dit Aristote, il n'y a de science que de l'*un*.

Mais, par beaucoup de faits et de raisons présentés dans ces *dialogues*, il est évident que l'animisme, la force psychique n'est que la cause instrumentale et que la vraie cause, la cause efficiente, agissante et dirigeante des phénomènes est l'esprit, soit des vivants, ce qui est très rare, soit des morts, ce qui est la règle.

Si, comme le prouvent les phénomènes spirites, l'âme est indépendante du corps, elle peut et même doit lui survivre ; elle peut et doit agir sans lui, après la mort, aussi bien et même mieux que pendant la vie, puisqu'elle n'a plus son corps matériel à nourrir et à mouvoir. Aussi l'expérience prouve-t-elle que les phénomènes produits par les esprits des morts sont bien plus nombreux, plus nets, plus vigoureux que ceux où n'interviennent que des demi-esprits, en quelque sorte, de vivants dédoublés on endormis.

Si la survivance de l'âme est prouvée expérimentalement par les phénomènes spirites, son immortalité ne l'est pas et ne peut l'être; il n'y a pas de dénominateur commun entre le fini et l'infini. Nous en sommes donc réduits sur ce point aux preuves d'ordre rationnel; mais ces preuves sont suffisantes et portent en elles-mêmes un profond enseignement.

En effet, si nous pouvons nous élever, par les seules forces de la raison, à des hauteurs qui échappent complètement aux sens, et auxquelles l'expérience ne peut atteindre, c'est que la raison ne dérive pas des sens et que l'esprit n'est pas un produit du corps.

Quand ces choses seront bien comprises, les individus, sévères pour eux-mêmes et indulgents pour leurs semblables, seront plus heureux; les familles seront plus unies; les sociétés seront plus tranquilles et plus prospères; les courtisans et les politiciens, flagorneurs sempiternels des rois et des peuples, aux dépens desquels ils vivent et s'engraissent, seront moins serviles, si toutefois il en reste; les parasites, en un mot, disparaîtront du corps social, qui recouvrera la santé et la vigueur.

Saint-Amand (Cher). — Imprimerie Bussière